I0567206

DISCLAIMER

The author and publisher are providing this book and its contents on an "as is" basis and make no representations or warranties of any kind with respect to this book or its contents. The author and publisher disclaim all such representations and warranties, including but not limited to warranties of merchantability. In addition, the author and publisher do not represent or warrant that the information accessible via this book is accurate, complete, or current.

Except as specifically stated in this book, neither the author nor publisher, nor any authors, contributors, or other representatives will be liable for damages arising out of or in connection with the use of this book. This is a comprehensive limitation of liability that applies to all damages of any kind, including (without limitation) compensatory; direct, indirect, or consequential damages; loss of data, income, or profit; loss of or damage to property; and claims of third parties.

This Book Comes With Free Bonus Puzzles

Available Here:

BestActivityBooks.com/WSBONUS20

5 TIPS TO START!

1) HOW TO SOLVE

The Puzzles are in a Classic Format:

- Words are hidden without breaks (no spaces, dashes, ...)
- Orientation: Forward & Backward, Up & Down or in Diagonal (can be in both directions)
- Words can overlap or cross each other

2) ACTIVE LEARNING

To encourage learning actively, a space is provided next to each word to write down the translation. The **DICTIONARY** allows you to verify and expand your knowledge. You can look up and write down each translation, find the words in the Puzzle then add them to your vocabulary!

3) TAG YOUR WORDS

Have you tried using a tag system? For example, you could mark the words which have been difficult to find with a cross, the ones you loved with a star, new words with a triangle, rare words with a diamond and so on...

4) ORGANIZE YOUR LEARNING

We also offer a convenient **NOTEBOOK** at the end of this edition. Whether on vacation, travelling or at home, you can easily organize your new knowledge without needing a second notebook!

5) FINISHED?

Go to the bonus section: **MONSTER CHALLENGE** to find a free game offered at the end of this edition!

Want more fun and learning activities? It's **Fast and Simple!**
An entire Game Book Collection just **one click away!**

Find your next challenge at:

BestActivityBooks.com/MyNextWordSearch

Ready, Set... Go!

Did you know there are around 7,000 different languages in the world? Words are precious.

We love languages and have been working hard to make the highest quality books for you. Our ingredients?

A selection of indispensable learning themes, three big slices of fun, then we add a spoonful of difficult words and a pinch of rare ones. We serve them up with care and a maximum of delight so you can solve the best word games and have fun learning!

Your feedback is essential. You can be an active participant in the success of this book by leaving us a review. Tell us what you liked most in this edition!

Here is a short link which will take you to your order page.

BestBooksActivity.com/Review50

Thanks for your help and enjoy the Game!

Linguas Classics Team

1 - Antiques

```
G T X Z U P V H W E G O P G H V
I Y J O K R P D U L X A Y F K T
L N Y A X I P Y H E M S M H B E
N O V S I S H N G G Ø M N M C T
A I R E L L A G M A B Y S R E I
V T E D S Y O S W N L K F W Å L
D K S E C T R C T T E K V N R A
Æ U T R Z S E V H I R E X H T V
S A A D U N I R U P L R I I I K
U C U N X U J Q I A P N N J E T
C E R U R K S I T N E T U A R A
X T E H C A L Q F P G T J N I L
L X R R E T N Ø M F C R Z R D M
F Q I Å C B Z S K U L P T U R Q
T X N R M B W K X L J X O J Æ E
D Q G O A S D E K O R A T I V G
```

KUNST	INVESTERING
AUKTION	SMYKKER
AUTENTISK	GAMMEL
ÅRHUNDREDE	PRIS
MØNTER	KVALITET
ÅRTIER	RESTAURERING
DEKORATIV	SKULPTUR
ELEGANT	STIL
MØBLER	USÆDVANLIG
GALLERI	VÆRDI

2 - Food #1

```
C N H S O K I R B A M S U P P E
E J Z R A G J Y W H Æ E P H P M
C F O D W L H T T J L V W O D A
Y I Q F T X A G K K K A T T N J
B Z T L Z D A T H V I D L Ø G R
Y E F R B A V L N Y H I U X Ø O
G I A E O C U A J K O V Q S L E
Y E S K Q N L S U O E K A N E L
M R M K H B I K Y V R F B Z P O
P H K U I Z T S Z U Æ D C K R N
V A T S T M I F X O P O N J Æ K
B A S I L I K U M P Y R W Ø B J
T U N S P I N A T K Z E B T D T
G R S T O T W S C P B L A R R P
W A O K P S N R W L G U O M O Z
N D W T V Z Z O R W P G V I J A
```

ABRIKOS	JORDNØD
BYG	PÆRE
BASILIKUM	SALAT
GULEROD	SALT
KANEL	SUPPE
HVIDLØG	SPINAT
SAFT	JORDBÆR
CITRON	SUKKER
MÆLK	TUN
LØG	MAJROE

3 - Measurements

```
J  J  S  D  Z  E  A  Q  O  M  K  P  L  C  C  V
L  X  Q  J  S  X  C  H  N  P  A  I  Æ  V  M  I
P  N  A  L  W  U  B  K  M  L  U  N  N  B  V  N
M  O  S  A  L  W  I  N  S  F  I  T  G  Y  M  J
D  I  K  I  L  O  M  E  T  E  R  G  D  T  N  E
N  C  N  H  Ø  J  D  E  D  H  U  Æ  E  E  Q  X
F  N  C  U  R  M  A  R  D  B  F  V  F  C  Q  N
T  H  D  Z  T  P  R  B  K  A  Y  Z  F  J  C  O
O  Z  H  G  R  J  G  A  V  A  M  D  H  I  V  O
N  E  J  E  L  I  T  E  R  D  E  C  I  M  A  L
O  B  X  M  B  R  E  D  D  E  W  A  X  N  N  A
U  Y  M  M  A  R  G  O  L  I  K  M  A  S  S  E
N  A  S  O  A  R  O  Z  M  X  I  D  D  U  K  K
C  M  E  T  E  R  E  T  E  M  I  T  N  E  C  X
E  S  T  Q  T  A  G  G  U  F  R  P  N  T  L  J
N  G  S  H  S  V  B  R  J  M  P  E  M  A  C  J
```

BYTE
CENTIMETER
DECIMAL
GRAD
DYBDE
GRAM
HØJDE
TOMME
KILOGRAM
KILOMETER

LÆNGDE
LITER
MASSE
METER
MINUT
OUNCE
PINT
TON
VÆGT
BREDDE

4 - Farm #2

```
L K A I F W T M G Y B D V G S G
G A N G Q A H Æ N R V E F U K Y
L Q N M J E C L E Q Ø M B J I L
G A O D O H L K V K L N W S T H
R N D I M V A T A U A V T J P F
A A Z E T A M R H N M I G S Z Å
W E E E P C N Q T S A N U C A R
H Y R D E C I D G T X D R J C G
O A A E M I C A U V V M F B D P
L N R V A U I F R A H Ø Z Q C J
L D J H D J G S F N D L V J L Y
M A J S E M H R Q D N L J V U W
U D T R A K T O R I G E Z L N O
R Y V B G P N X V N T S K F F J
X R H A B I P W N G C C U O I C
Z E U K K Y T W K C H Y G M P P
```

DYR	LAMA
BYG	ENG
LADE	MÆLK
MAJS	FRUGTHAVE
AND	FÅR
LANDMAND	HYRDE
MAD	TRAKTOR
FRUGT	GRØNTSAG
KUNSTVANDING	HVEDE
LAM	VINDMØLLE

5 - Books

```
T Y R R U R D O G B O L E K N Y
P O E S I E Æ U P T R A G I S K
Q S L O S L S R A F E G N G L S
O A L T I E D Z E L I S X R Æ I
W M Æ P D V D S V T I N U V S P
S L T O E A O Q Y S T T D L E E
Q I R R T N J Y V K F I E S R I
B N O H M T G I D E P D L T O K
B G F N F E V E N T Y R X E Q M
H I S T O R I E A N Z W B V G I
L X F L P A U M M O S J H I P A
U I G C M P X E O K C L J R H E
V X A Q B E A W R K Z S Z K U B
H U M O R I S T I S K B A S U U
S H I S T O R I S K N P U O H B
B N S Q G C F O R F A T T E R Q
```

EVENTYR
FORFATTER
SAMLING
KONTEKST
DUALITET
EPISK
HISTORISK
HUMORISTISK
OPFINDSOM
LITTERÆR

FORTÆLLER
ROMAN
SIDE
DIGT
POESI
LÆSER
RELEVANT
HISTORIE
TRAGISK
SKRIVET

6 - Meditation

```
M  P  E  R  S  P  E  K  T  I  V  Z  J  Q  G  K
W  E  V  E  J  R  T  R  Æ  K  N  I  N  G  P  L
J  M  D  E  H  G  I  L  N  E  V  M  W  X  D  A
R  U  E  F  N  A  T  U  R  E  K  N  A  T  E  R
X  G  R  Z  Ø  B  J  B  G  M  W  I  X  K  H  H
G  Z  F  C  R  L  S  T  Q  D  L  D  N  F  M  E
G  V  I  I  U  B  E  L  Y  E  V  G  F  M  O  D
M  U  S  I  K  E  N  L  M  I  B  Z  H  W  S  R
S  K  S  N  F  V  N  R  S  Y  O  L  Y  K  K  E
X  Z  I  Q  V  Æ  P  A  P  E  M  A  D  S  R  S
A  M  N  H  N  G  D  E  H  L  I  T  S  M  Æ  L
L  C  D  X  W  E  V  A  N  E  R  N  P  Z  M  E
K  C  C  W  C  L  R  O  L  I  G  E  E  F  P  L
V  D  Y  E  S  S  A  F  O  B  W  M  X  G  O  Ø
W  C  M  C  P  E  M  M  A  A  F  I  B  W  Å  F
L  C  G  D  F  T  K  D  O  H  Q  J  P  A  U  V
```

ACCEPT	VENLIGHED
OPMÆRKSOMHED	MENTAL
VÅGEN	SIND
VEJRTRÆKNING	BEVÆGELSE
ROLIG	MUSIK
KLARHED	NATUR
MEDFØLELSE	FRED
FØLELSER	PERSPEKTIV
VANER	STILHED
LYKKE	TANKER

7 - Days and Months

```
L A B K B B Z M Z O J R D P Z R
E M J B R N W A Z I F A E I T Z
T A T F H P G R R H K U N L E L
X W Y G B B E T H B A R Å U G L
G D A V W N N S J Z B B M J A I
K Z J Z L O F P G A D E R F D R
R R Z H Z V I R T T U F H D S P
S S M R N E S E P T E M B E R A
G Ø L M K M L B M A N D A G O K
A S N S P B N O K O S N V J T A
D U V D A E V T Y P E G U D V L
S T G C A R R K Z U N A H Y I E
R B C U B G M O G G A D S N O N
I Q A A S O I K Q E J R G O Q D
T G L R P T J Z C F T Ø I Z G E
I L Z X E F Q I H G O L T V Y R
```

APRIL	NOVEMBER
AUGUST	OKTOBER
KALENDER	LØRDAG
FEBRUAR	SEPTEMBER
FREDAG	SØNDAG
JANUAR	TORSDAG
JULI	TIRSDAG
MARTS	ONSDAG
MANDAG	UGE
MÅNED	ÅR

8 - Energy

```
W D W M N D E D L X B W I S I B
H U E R E R I L X I X G O C N R
T B X H T V P E E D V X H K D Æ
F Y E G U T V R S K Q U U I U N
O U N C R L Q L R E T Z U V S D
R K T N B H S O O E L R B L T S
N U R V I B R I N T J N I R R T
Y L O G N I E R U R O F S I O
E S P Z E B W E J P V I N D K F
L T I N K Ø J L I M T C G C K L
I O F H Y A Z E B A T T E R I M
G F X J N O W K H D V A H T B O
Q D U O K G J T Y S B A V C G T
Y D O I G Z V R M N L B R M A O
W B E N Z I N O T O F J Z M E R
W C M N E O A N F D W E Q L E C
```

BATTERI
KULSTOF
DIESEL
ELEKTRISK
ELEKTRON
ENTROPI
MILJØ
BRÆNDSTOF
BENZIN
VARME

BRINT
INDUSTRI
MOTOR
FOTON
FORURENING
FORNYELIG
DAMP
TURBINE
VIND

9 - Archeology

```
Æ  B  C  T  E  M  P  E  L  E  O  F  O  I  R  K
R  M  U  I  R  E  T  S  Y  M  B  Q  L  B  Q  E
A  C  J  K  V  N  D  G  W  H  J  V  P  I  K  R
P  P  G  D  U  I  J  P  B  D  E  W  J  B  K  A
R  K  R  C  L  D  L  O  H  D  K  R  X  D  S  M
O  V  E  Q  E  Z  I  I  F  D  T  M  E  L  G  I
F  W  M  M  V  S  S  L  S  H  E  T  K  E  Z  K
E  F  M  F  N  Q  S  V  V  A  R  G  E  N  O  S
S  Z  O  I  Z  S  O  A  A  M  T  D  N  E  K  U
S  M  K  R  X  D  F  L  L  O  R  I  W  I  G  Y
O  A  R  E  S  Y  G  U  K  K  E  X  O  L  R  T
R  R  E  L  P  K  P  E  D  O  P  W  C  N  U  W
A  H  T  G  W  A  E  M  O  Z  S  H  G  H  W  R
D  P  F  O  E  S  N  R  N  E  K  K  I  T  N  A
U  X  E  N  T  K  G  N  I  R  E  U  L  A  V  E
Q  S  Q  K  Y  Z  S  P  A  N  A  L  Y  S  E  I
```

ANALYSE	MYSTERIUM
ANTIKKEN	OBJEKTER
KNOGLER	KERAMIK
CIVILISATION	PROFESSOR
EFTERKOMMER	LEVN
ÆRA	FORSKER
EVALUERING	HOLD
EKSPERT	TEMPEL
GLEMT	GRAV
FOSSIL	UKENDT

10 - Food #2

```
H  D  B  S  I  R  A  T  Q  T  E  B  U  Q  D  A
M  M  X  E  L  B  Æ  U  Q  T  J  A  R  L  P  Y
K  P  O  L  D  R  U  E  B  C  J  N  Z  S  Q  Q
Y  R  E  L  W  L  E  S  O  E  Y  A  U  K  Æ  D
L  L  L  E  L  D  Y  H  F  E  R  N  Y  M  G  Y
L  I  R  R  T  O  M  A  T  K  Æ  G  S  K  K  V
I  K  S  I  F  U  R  N  W  N  B  S  I  W  I  K
N  D  B  R  O  C  C  O  L  I  E  M  V  N  Q  R
G  P  A  R  T  I  S  K  O  K  S  O  A  A  E  L
C  H  O  K  O  L  A  D  E  S  R  Y  S  K  M  M
I  M  Z  N  H  V  E  D  E  T  I  O  B  T  E  P
J  C  G  C  P  O  L  K  M  U  K  G  R  F  V  G
W  G  G  T  W  P  O  V  E  Y  Y  H  D  D  V  S
E  K  R  N  X  H  D  A  I  L  U  U  B  Y  I  S
S  K  Q  Q  I  X  D  M  I  N  H  R  D  A  F  R
Y  E  H  D  T  J  A  C  M  Z  R  T  N  M  H  V
```

ÆBLE	AUBERGINE
ARTISKOK	FISK
BANAN	DRUE
BROCCOLI	SKINKE
SELLERI	KIWI
OST	SVAMP
KIRSEBÆR	RIS
KYLLING	TOMAT
CHOKOLADE	HVEDE
ÆG	YOGHURT

11 - Chemistry

```
G M N Y T Y V Ø P T Y A J J V T
X A E K S Æ V K H D F H M X E E
U O S N O I V O A T O M A R L M
W S Y R Z E Y L B L T O I V E P
B R I N T Y A O A A S H R Æ K E
V M S G K G M G L S L U O G T R
E J O D W X T I K C U V T T R A
I I B J X A M S A I K N A M O T
C G Z D G K X K L J C A S R N U
S Q T R X T F A I R H F Y Z M R
P W J S T R I R S S X V L E I E
U W Y J M B L C K Y L T A B E A
C R T X U R M J Q R B P T T Z U
M O L E K Y L E X E W R A S U I
N L I J W L X C X J O X K P M E
P K H S X F N A F H M A H H Q X
```

SYRE   BRINT
ALKALISK   ION
ATOMAR   VÆSKE
KULSTOF   MOLEKYLE
KATALYSATOR   ØKOLOGISK
KLOR   ILT
ELEKTRON   SALT
ENZYM   TEMPERATUR
GAS   VÆGT
VARME

12 - Music

```
E G N Y S U Y N S K J J D K M M
M K S I T E O P M C O C E L U I
T S L F F D L P L J U K L A S K
Y I V E D A L L A B J M R S I R
R R O K K B Q E M M V W Y S K O
G Y Z N R T U P W I M L T I A F
A L B U M V I D O L E M M S L O
T H L X V O N S F C G X I K S N
F H M O E K O E K X U K S S K Y
P W Z F M A M U L E T X K I S W
B F D G S L R B T G H P W N A O
Q G S H T E A V E Q S Z M O N P
W B I X P K H D G I D Q Z M G E
X U P L D O N M U S I K E R E R
S D I N D S P I L N I N G A R A
P K S K Y B R A X Z R J P H D O
```

ALBUM
BALLADE
KOR
KLASSISK
EKLEKTISK
HARMONISK
HARMONI
LYRISK
MELODI
MIKROFON

MUSIKALSK
MUSIKER
OPERA
POETISK
INDSPILNING
RYTME
RYTMISK
SYNGE
SANGER
VOKAL

13 - Family

```
B D Z M Q B D N R R N N F D F W
O A Q S T A N T E M I E O V I B
B N R E T T Æ F T O E V R N Z S
E Ø K N R A B J T R C Ø F L S L
Q S P E D N A M A A E P A U U L
H E R Q L O T A D F O A D I T R
D N C F C U M E C E G A E U W Y
K N M B U M O M O T V K R L O Z
H Ø H A B B T I Q S M Ø D R E S
B S C R Y I Ø B R D K M K O N E
X B T N Q O A R B E B N F M J A
O N Q E N X D L N B S Ø S T E R
U M D B V C I T J A Z L N C R R
K T I A F A D E R L I G Q O M Y
T T U R O R B G Q Z Q Q O U Q R
D S V N Z B L Q W L R W Q H S P
```

FORFADER	SØNNESØN
TANTE	MAND
BROR	MØDRES
BARN	MOR
BARNDOM	NEVØ
BØRN	NIECE
FÆTTER	FADERLIG
DATTER	SØSTER
BARNEBARN	ONKEL
BEDSTEFAR	KONE

14 - Farm #1

```
F  Q  U  Q  E  B  O  J  O  K  V  T  S  T  K  D
E  X  S  K  Y  A  B  L  Z  A  A  I  F  D  Y  C
G  N  I  N  N  O  H  H  T  L  N  M  O  K  L  M
A  Ø  R  F  G  K  L  C  E  V  D  M  P  I  L  O
R  H  D  X  O  Y  V  X  G  G  Y  P  A  G  I  Æ
K  V  N  N  O  S  I  B  E  G  N  F  H  G  N  S
U  Z  U  W  I  L  A  N  D  B  R  U  G  E  G  E
A  W  H  G  D  N  U  Q  Z  B  R  N  R  D  P  L
U  V  M  J  P  W  G  C  Y  R  K  O  O  V  C  J
I  S  B  A  B  Q  Y  M  P  P  I  P  P  W  Z  C
B  I  E  Z  R  H  X  B  F  W  H  T  F  E  Z  H
Z  C  C  E  M  K  T  O  N  A  O  R  F  A  H  X
S  W  B  M  Q  V  Y  Y  M  M  S  T  V  T  F  K
B  Q  Y  N  K  Q  I  A  X  V  Q  V  V  A  C  B
I  I  Q  T  Z  Z  K  A  T  S  E  H  A  M  T  R
Z  Z  J  A  F  M  R  B  O  J  E  T  Y  B  X  L
```

LANDBRUG	HEGN
BI	GØDNING
BISON	MARK
KALV	GED
KAT	HØ
KYLLING	HONNING
KO	HEST
KRAGE	RIS
HUND	FRØ
ÆSEL	VAND

15 - Camping

```
H  I  S  O  T  K  O  M  P  A  S  N  Z  Y  M  I
C  N  N  W  E  R  Y  H  T  R  S  A  F  Y  L  B
C  S  C  S  L  Y  O  O  F  E  R  T  G  A  J  Z
R  E  Æ  R  T  X  V  K  Y  Q  I  U  T  E  C  W
X  K  S  M  K  W  C  V  G  Q  R  A  V  L  I
P  T  H  L  Z  Q  B  G  O  W  N  F  X  E  N  E
I  Z  P  W  E  M  L  R  Y  T  N  E  V  E  W  K
K  L  W  E  S  S  F  E  A  V  P  G  O  C  A  D
A  R  D  V  M  D  W  J  D  N  W  E  K  J  U  T
B  K  A  N  O  E  K  B  Q  Y  D  M  Å  N  E  Q
I  W  H  Æ  N  G  E  K  Ø  J  E  S  K  O  V  V
N  C  Y  L  J  N  V  S  S  H  A  T  V  M  R
E  R  I  V  L  D  D  Y  Y  J  Q  U  L  R  T  R
R  Z  D  O  H  Y  N  T  G  O  F  X  C  X  C  F
X  E  R  Z  P  R  L  P  J  V  O  F  S  L  R  B
C  T  B  Q  T  N  J  V  G  J  E  F  J  W  T  X
```

EVENTYR	JAGT
DYR	INSEKT
KABINE	SØ
KANO	KORT
KOMPAS	MÅNE
BRAND	BJERG
SKOV	NATUR
SJOV	REB
HÆNGEKØJE	TELT
HAT	TRÆER

16 - Conservation

```
Ø K F Ø K O L O G I S K A O E B
K E O R K B Æ R E D Y G T I G E
O M R T E L G H O N A O X S U K
S I U W I D I Y Y K Z L K U R Y
Y K R I E U U M F H P M I Q B M
S A E H J U B C A N X Y X U N R
T L N V A N D D E H D N U S E I
E I I Ø R F R R A R F J W X G N
M E N G R F B L Z Y E L C Y Z G
H R G Q V G I S S Æ M Ø J L I M
H C P E S T I C I D T C V O P O
U D D A N N E L S E C Y K L U S
Æ N D R I N G E R H A B I T A T
Z A E V F R I V I L L I G V H N
B V E X H R X S C X O W K I K X
N X M I V N U G N A T U R L I G
```

ÆNDRINGER
KEMIKALIER
KLIMA
BEKYMRING
CYKLUS
ØKOSYSTEM
UDDANNELSE
MILJØMÆSSIG
GRØN
HABITAT

SUNDHED
NATURLIG
ØKOLOGISK
PESTICID
FORURENING
GENBRUGE
REDUCERE
BÆREDYGTIG
FRIVILLIG
VAND

17 - Algebra

```
D  X  B  D  M  P  L  R  K  B  D  D  G  X  J  E
N  I  U  C  J  X  W  W  H  G  N  I  N  G  I  L
Z  A  A  A  R  L  Y  M  Q  F  Z  V  Q  F  Q  K
P  F  K  G  I  L  E  D  N  E  U  I  Y  N  C  N
U  S  S  E  R  E  M  M  U  N  T  S  D  T  K  E
I  S  L  E  B  A  I  R  A  V  W  I  R  E  I  R
F  R  A  F  L  Z  M  I  Z  B  H  O  X  S  J  O
U  O  F  I  A  I  T  S  D  M  Y  N  A  L  V  F
R  P  R  L  E  K  Ø  R  B  R  M  X  D  E  S  Z
N  D  M  M  P  H  T  R  X  D  C  L  U  J  E  G
Z  P  D  S  E  W  G  O  I  K  W  Z  S  Ø  T  U
M  D  Y  A  U  L  Y  R  R  H  Y  K  I  F  N  S
E  K  S  P  O  N  E  N  T  P  R  O  B  L  E  M
L  Ø  S  N  I  N  G  H  A  V  D  Y  B  I  R  B
L  I  N  E  Æ  R  K  M  M  L  A  F  E  T  A  I
S  U  B  T  R  A  K  T  I  O  N  N  U  L  P  Y
```

TILFØJELSE	LINEÆR
DIAGRAM	MATRIX
DIVISION	NUMMER
LIGNING	PARENTES
EKSPONENT	PROBLEM
FAKTOR	FORENKLE
FALSK	LØSNING
FORMEL	SUBTRAKTION
BRØK	VARIABEL
UENDELIG	NUL

18 - Numbers

```
F V K I O T R D F Z P B B X J E
S J G T T N I L E G O X F F I Y
J S O A T K G E M H M T J D S F
M U J R E S I X T S A Y J W S E
N S K M T K Y B E B W V Y S I A
E G Q I T E H T N X Z E F I R E
H E F W R S N O J W U U Y B L A
K S R X E V P L B H P T Q L F K
F D L R T F T V G U L R W L S H
G E A S T D G O M R V E K L Z S
S N M E E A T T E N S Y T T E N
F Y I G N E T S K E S L S F W Z
V D C E B E R X W T A R A Z R F
Y M E J A H H D G T F Q A O V E
U F D A A Q G L N I X S F A M K
F D S L Q L U S B N F K I H D S
```

DECIMAL	SYV
OTTE	SYTTEN
ATTEN	SEKS
FEMTEN	SEKSTEN
FEM	TI
FIRE	TRETTEN
FJORTEN	TRE
NI	TOLV
NITTEN	TYVE
EN	TO

19 - Spices

```
K  N  D  N  P  B  B  K  F  C  R  U  Z  H  S  M
U  X  H  P  K  V  M  I  V  E  J  L  I  N  A  V
W  T  V  N  A  N  I  S  T  U  N  S  S  Z  L  L
K  O  R  I  A  N  D  E  R  T  F  N  D  G  M  W
K  A  N  E  L  W  J  Y  X  L  E  N  I  S  K  U
K  S  R  L  S  A  Q  J  V  A  I  R  R  K  N  G
A  P  O  W  O  A  C  A  P  S  X  G  K  S  E  Ø
R  I  H  D  G  E  F  W  X  D  M  I  A  Ø  Y  L
D  D  E  Ø  V  P  T  F  M  P  U  N  L  D  I  D
E  S  K  N  B  R  J  L  R  C  G  G  Ø  N  K  I
M  K  K  T  C  L  F  R  F  O  B  E  G  Q  N  V
O  O  U  A  K  I  R  P  A  P  N  F  A  N  Z  H
M  M  B  K  A  R  R  Y  T  F  M  Æ  M  L  Q  H
M  M  K  S  O  W  R  J  Y  R  X  R  S  P  E  M
E  E  M  U  S  G  T  H  A  P  Z  P  C  K  B  I
M  N  W  M  O  P  C  E  X  K  S  E  S  H  G  Q
```

ANIS	HVIDLØG
BITTER	INGEFÆR
KARDEMOMME	LAKRIDS
KANEL	MUSKATNØD
KORIANDER	LØG
SPIDSKOMMEN	PAPRIKA
KARRY	SAFFRON
FENNIKEL	SALT
BUKKEHORN	SØD
SMAG	VANILJE

20 - Universe

```
S Q J Z A H T S U F V D U U U F
A Y O G T K E A O G A L A K S E
T J N G B Q L S T L X T L K E N
M Z M L G H E T V U H V E K L Å
O S O K I N S E M N K V U P G M
S I U D U G K R I L M F E E U K
F M K N I F O O T V A Y K R K R
Æ O X X G A P I R H E B R P V E
R N W L S D C D E N O O Ø N L D
E O P Q F M K E Z W U J M V A S
B R E D D E G R A D R Y E K H L
K T K E J E D H O R I S O N T Ø
Q S Z O F S L R H I M M E L Y B
D A T N K O S M I S K O G X P L
H I M M E L S K A S T R O N O M
C O C R S S O L U Q G L O K C D
```

ASTEROIDE
ASTRONOM
ASTRONOMI
ATMOSFÆRE
HIMMELSK
KOSMISK
MØRKE
EON
GALAKSE
HALVKUGLE

HORISONT
BREDDEGRAD
MÅNE
KREDSLØB
HIMMEL
SOL
SOLHVERV
TELESKOP
SYNLIG
ZODIAC

21 - Mammals

```
K R M A H T O S Y P O E A A F L
E Æ T H V A L K A L L I R O G V
D E N I F L E D B K B M E Q D P
I P A G Y V V N E W H K V W K A
R Z F P U W Ø U G R I B Æ Q A M
N Q E O K R L H I I Y E B H N S
E I L U W Å U T I W R U F E I A
V O E O W F A F Y V Z A C O N E
P R Æ R I E U L V R E T F K A T
T G O A D L S T R E B W Z D Z X
X E R Y N E Y Q Æ L R O D F Z J
R Z S H C H T O V A A W F P E D
A K E C Y T V N L J R G W C V O
W D Q B X L C R U H C R H E S T
O I E H E A A P Q F S C U Y S K
C I T M C Q B Æ R E W K R B B P
```

BÆRE	GORILLA
BÆVER	HEST
TYR	KÆNGURU
KAT	LØVE
PRÆRIEULV	ABE
HUND	KANIN
DELFIN	FÅR
ELEFANT	HVAL
RÆV	ULV
GIRAF	ZEBRA

22 - Bees

```
F  D  Y  P  F  K  B  F  A  H  T  C  K  G  Z  B
F  M  W  O  R  E  T  N  A  L  P  I  H  K  W  E
K  S  B  L  U  D  W  O  H  S  D  P  F  A  D  S
K  E  M  L  G  N  R  Z  E  S  A  M  B  L  E  T
R  Ø  G  E  T  K  N  O  B  L  O  M  S  T  H  Ø
H  D  B  N  T  D  A  V  N  K  Z  F  J  S  G  V
H  A  Y  J  A  S  G  K  X  N  X  P  V  A  I  E
I  M  V  H  T  I  Y  D  C  W  I  V  F  B  D  R
V  R  K  E  I  G  T  S  V  N  N  N  S  O  L  B
E  Æ  W  V  B  W  H  J  O  P  D  F  G  O  O  L
X  V  R  C  A  H  Z  X  N  K  J  J  I  L  F  O
I  S  Z  X  H  V  O  K  S  R  Ø  D  Y  F  G  M
H  O  N  N  I  N  G  G  A  V  N  L  I  G  N  S
N  X  E  F  N  R  N  R  Q  Q  G  F  X  D  A  T
I  N  S  E  K  T  Q  G  L  U  O  J  B  U  M  E
J  J  G  K  J  C  K  M  D  Z  X  J  I  J  D  R
```

GAVNLIG	HONNING
BLOMST	INSEKT
MANGFOLDIGHED	PLANTER
ØKOSYSTEM	POLLEN
BLOMSTER	BESTØVER
MAD	DRONNING
FRUGT	RØG
HAVE	SOL
HABITAT	SVÆRM
HIVE	VOKS

23 - Photography

```
K F T S M F N T C W P O V Q N R
O O I E A B E L Y S N I N G S A
N R E U K M M W M L M N V D D M
T M A S G S M L W M H F I P U M
R A E F O W T E T G J A B H S E
A T R D A R A U N N I R Q W K N
S L Ø A Q U T Q R S O V H D Y I
T E G T Y T Y P P R Æ E B O G M
Æ U D S T I L L I N G T K P G Ø
R S Ø W K U D S I G T E N M E R
T I L P E R S P E K T I V I R K
R V B C J J Q M L I U P I V N E
O G I R B M W N J E S M T Y W G
P F F N O I T I N I F E D Y V V
K A M E R A S N F T S A I M A D
M L J V A Z R W G K N K Z D H A
```

SORT
KAMERA
FARVE
SAMMENSÆTNING
KONTRAST
MØRKE
DEFINITION
UDSTILLING
FORMAT
RAMME

BELYSNING
OBJEKT
PERSPEKTIV
PORTRÆT
SKYGGER
BLØDGØRE
EMNE
TEKSTUR
UDSIGT
VISUEL

24 - Adventure

```
R  S  I  K  K  E  R  H  E  D  Y  C  A  N  Y  M
E  M  W  A  G  I  L  R  A  F  O  H  U  G  Z  U
N  N  D  I  B  L  Y  B  Z  Z  K  R  Z  M  X  L
N  O  T  I  D  R  Æ  G  U  V  V  K  A  H  W  I
E  I  P  U  Z  G  H  D  Q  K  N  J  V  V  W  G
V  T  S  E  S  L  E  D  E  R  E  B  R  O  F  H
F  A  K  C  A  I  R  E  J  S  E  P  L  A  N  E
Z  N  Ø  N  S  F  A  G  D  L  N  P  J  H  O  D
B  I  N  A  U  S  F  S  W  M  L  P  Z  K  I  E
I  T  H  H  N  X  M  R  M  A  A  T  C  I  T  H
B  S  E  C  V  Z  G  H  E  E  S  U  S  N  A  R
T  E  D  B  F  R  J  J  P  N  R  N  G  S  G  E
X  D  K  D  Q  F  B  P  Z  A  D  F  M  T  I  P
F  N  U  D  F  L  U  G  T  T  Y  D  Y  I  V  P
I  U  Y  J  X  U  S  W  R  U  O  G  S  J  A  A
A  K  T  I  V  I  T  E  T  R  B  F  O  Y  N  T
```

AKTIVITET	REJSEPLAN
SKØNHED	GLÆDE
TAPPERHED	NATUR
CHANCE	NAVIGATION
FARLIG	NY
DESTINATION	MULIGHED
ENTUSIASME	FORBEREDELSE
UDFLUGT	SIKKERHED
VENNER	

25 - Restaurant #2

```
W T R H D N P L Q S M X P C N K
I A K N T I J D E K I E S T K Q
P O H K B J T U V N D N A V U I
D L J N L O L P J O D M S C C F
C R P U E F A E T Y A E B N K E
L Q W P A V X H J T G U R F S U
O Æ H J V I S S R Z U G I X N X
T S K I R D F S D G F D G K M C
S D X K N M E E T J O O O A J X
N Æ G S E P P U S S A L T Y B B
Q U G I R R C E E G A F F E L X
A G D F E G A K O H L R Q K E V
J E R L N S A L A T B B V S O S
P G T L E K R Y D D E R I E R I
S X B J J R E G A S T N Ø R G O
Z F W Y T S O K O R F K K L Y X
```

DRIK	FROKOST
KAGE	NUDLER
STOL	SALAT
LÆKKER	SALT
MIDDAG	SUPPE
ÆG	KRYDDERIER
FISK	SKE
GAFFEL	GRØNTSAGER
FRUGT	TJENEREN
IS	VAND

26 - Geology

```
P K R I S F V E G E J S E R W S
G H P X T O U R R L X A O T C A
P O Y F A S L Y N O I Y B W R L
T T P Z L S K S X W S Z Y H I T
H Y A H A I A G C W T I K A H N
E U P L K L N G A A R Q O X R E
R A L J T G I H L N A H J N X N
P E V E I L A G C N V W L E L I
Z T E M T Z R P I M K R L T A T
P A I P H B U J U K G T R S V N
D L C C G P L R M S O S L X A O
L P D Y M I N E R A L E R S N K
R T K H K K R Y S T A L L E R D
I A T K V L Æ K S D R O J W V Q
U Z I C O M E D I J O U Z M W U
S Q W H D Y Q R M N K F A Q S P
```

SYRE
CALCIUM
HULE
KONTINENT
KORAL
KRYSTALLER
CYKLER
JORDSKÆLV
EROSION
FOSSIL

GEJSER
LAVA
LAG
MINERALER
PLATEAU
KVARTS
SALT
STALAKTIT
STEN
VULKAN

27 - House

```
M  R  D  R  X  P  J  P  R  U  I  E  T  A  G  E
V  V  S  R  B  W  K  H  Z  R  C  T  J  J  P  D
W  I  X  T  F  V  F  S  N  Y  C  J  I  P  M  J
V  N  T  E  D  N  Æ  I  E  F  V  R  Y  W  F  L
R  D  V  J  V  Y  M  R  E  N  I  D  R  A  G  I
N  U  N  K  Æ  N  U  X  E  V  A  H  E  Y  E  F
Ø  E  Y  E  G  A  R  A  G  L  K  J  V  Z  X  H
G  B  J  T  E  E  S  J  E  P  S  Ø  C  I  Q  E
L  R  V  O  P  V  T  M  G  J  L  E  K  U  L  G
E  U  L  I  W  O  F  G  K  A  P  E  Q  K  J  N
R  S  N  L  P  Q  O  N  P  U  M  P  H  K  E  G
E  E  F  B  I  O  L  D  Ø  R  Ø  N  N  O  P  N
P  R  M  I  T  A  G  S  H  Z  B  K  Z  S  S  I
S  K  S  B  L  A  M  P  E  F  L  T  P  T  I  Z
S  D  M  X  Z  E  D  X  S  X  E  Y  A  H  K  L
X  L  N  T  O  R  Y  M  X  R  R  V  P  P  O  E
```

LOFTSRUM	NØGLER
KOST	KØKKEN
GARDINER	LAMPE
DØR	BIBLIOTEK
HEGN	SPEJL
PEJS	TAG
ETAGE	VÆRELSE
MØBLER	BRUSER
GARAGE	VÆG
HAVE	VINDUE

28 - Physics

```
L E K I T R A P M X C X R F K B
M Z K E M S I T E N G A M O A U
L Z S S A T O M K O Q T M R O V
W M I B P W A G A R O T O M S C
F A M O M E T N N T P R A E T S
C D E V C G R H I K X V C L Æ N
E Y K N Y J R I K E J A C E T V
M O L E K Y L E M L J D E S H L
F R E K V E N S W E S W L R E H
U D V I D E L S E G N C E E D E
M A S S E I I F Q F P T R V K J
G Q A U H G H F Y S X O A I P M
F Q B Y Y F B D J Y I M T N O A
U M C K O W K U I Z A E I U H Z
I Q S H Q Y D B G A S C O O D H
H A S T I G H E D A X E N V L E
```

ACCELERATION
ATOM
KAOS
KEMISK
TÆTHED
ELEKTRON
MOTOR
UDVIDELSE
EKSPERIMENT
FORMEL

FREKVENS
GAS
MAGNETISME
MASSE
MEKANIK
MOLEKYLE
PARTIKEL
UNIVERSEL
HASTIGHED

29 - Colors

```
T  C  O  D  D  T  F  O  W  W  A  Y  V  F  J  R
R  W  G  R  Å  A  U  P  I  B  L  U  G  M  O  Y
L  F  K  N  U  I  C  D  F  O  L  K  T  T  A  Z
I  V  D  K  D  X  H  M  B  E  I  G  E  C  N  V
O  R  A  N  G  E  S  G  M  R  L  Å  L  B  N  Q
A  Z  U  R  L  H  I  B  L  R  Ø  N  O  R  T  Q
H  T  J  W  X  H  A  C  R  S  F  D  I  V  H  G
I  K  N  I  P  H  Y  Y  U  T  V  R  V  R  S  M
N  G  B  E  T  G  C  X  T  T  G  B  B  D  K  C
D  K  P  D  G  W  Y  A  Z  F  U  X  X  K  U  J
I  F  H  A  Q  A  Q  G  R  Ø  N  S  U  D  Y  L
G  F  L  L  I  P  M  V  Z  O  W  U  E  F  J  O
O  L  R  L  S  P  Y  X  E  D  V  K  G  P  D  Z
B  O  B  R  U  N  O  S  M  I  R  C  F  C  I  O
C  J  Z  N  S  O  R  T  V  Q  L  R  Y  I  X  A
C  E  W  Y  Y  S  C  N  R  C  Y  A  N  J  Z  G
```

AZUR
BEIGE
SORT
BLÅ
BRUN
CRIMSON
CYAN
FUCHSIA
GRØN
GRÅ

INDIGO
MAGENTA
ORANGE
PINK
LILLA
RØD
SEPIA
VIOLET
HVID
GUL

30 - Shapes

```
O D R V P P K Q M A U J X C P T
D O Q K J R C M R M I P S I Y E
W V V S E K I L L Y X P F R R R
H A C F T E D S P F L B M K A N
J L Y Æ N G I U M N E I E E M I
Ø G L R A L O B R E P Y H L I N
R T I E K E H T B S L I O F D G
N E N W R R Z H A P I R M H E I
E R D I I P V M G I A Z P V B Z
T Z E V F N S S K L O S O Z V K
N O R F A M N I I L J V L M A U
A N T J W B U E D E O M Y O M R
K A N T E R U J M E F V G S Q V
E M R E K T A N G E L K O C S E
R Q Z G X P M I G Y I K N Y I J
T X B V P X E L V L M P R O B F
```

BUE
CIRKEL
KEGLE
HJØRNE
TERNING
KURVE
CYLINDER
KANTER
ELLIPSE
HYPERBOLA

LINJE
OVAL
POLYGON
PRISME
PYRAMIDE
REKTANGEL
SIDE
SFÆRE
FIRKANT
TREKANT

31 - Scientific Disciplines

```
B M B I O L O G I G E O L O G I
I K I G O L O I S Y F T I A L Z
O E B N E N O N F C D E N S I O
K M I O E U U P I U A R N T N O
E I I I T R A K G K J M A R G L
M G G G A A A M O E Q O W O V O
I O O O N R N L L H B D I N I G
S L L L D M I O I Y Y M O S I
G O O O C O H D K G T N M M T I
J I Æ R D M K I Y O I A U I I W
I S K U M E V Ø S L M M N C K H
D E R E X K N V P O O I O Z V I
Q N A N V A X G E I T K L Y A J
F I M H D N N U X C A D O Z Q A
H K Q M T I F U I O N W G Z Y E
N P L M P K M B J S A Z I Q H G
```

ANATOMI	KINESIOLOGI
ARKÆOLOGI	LINGVISTIK
ASTRONOMI	MEKANIK
BIOKEMI	MINERALOGI
BIOLOGI	NEUROLOGI
BOTANIK	FYSIOLOGI
KEMI	PSYKOLOGI
ØKOLOGI	SOCIOLOGI
GEOLOGI	TERMODYNAMIK
IMMUNOLOGI	ZOOLOGI

32 - Science

```
M  T  Y  N  G  D  E  K  R  A  F  T  Y  K  B  X
O  B  S  E  R  V  A  T  I  O  N  D  A  T  A  V
T  U  M  M  E  E  L  F  K  M  N  Z  R  X  L  N
A  L  E  S  L  J  L  A  G  J  T  Z  J  L  A  A
G  B  T  I  A  W  M  K  N  P  T  R  V  H  B  T
Z  M  O  N  R  W  O  L  I  S  S  O  F  C  O  U
N  G  D  A  E  K  L  G  L  T  Z  A  K  H  R  R
M  T  E  G  N  L  E  C  K  H  R  H  I  E  A  W
H  K  U  R  I  I  K  O  I  W  V  A  H  F  T  X
V  Y  E  O  M  M  Y  L  V  W  Q  X  P  A  O  J
V  G  P  M  F  A  L  N  D  K  Z  V  H  K  R  C
P  K  B  O  I  K  E  H  U  R  S  V  E  T  I  D
V  X  H  G  T  S  R  F  Y  S  I  K  O  U  U  Z
I  H  N  V  O  E  K  R  A  I  P  P  X  M  M  H
Q  G  D  W  O  O  S  P  L  A  N  T  E  R  H  B
P  T  A  R  F  T  N  E  M  I  R  E  P  S  K  E
```

ATOM	LABORATORIUM
KEMISK	METODE
KLIMA	MINERALER
DATA	MOLEKYLER
UDVIKLING	NATUR
EKSPERIMENT	OBSERVATION
FAKTUM	ORGANISME
FOSSIL	PARTIKLER
TYNGDEKRAFT	FYSIK
HYPOTESE	PLANTER

33 - Beauty

```
H  U  J  R  X  J  B  K  H  O  R  T  T  S  K  P
X  V  X  I  O  P  V  I  P  D  F  C  U  A  R  R
S  H  A  M  P  O  O  T  O  Z  K  Z  F  K  Ø  W
I  X  R  M  L  Æ  B  E  S  T  I  F  T  S  L  F
G  A  A  A  Z  N  L  M  N  F  A  G  R  Q  L  A
K  I  C  K  U  O  B  S  L  U  Q  L  U  U  E  R
Z  J  S  E  G  L  J  O  Z  D  V  H  G  L  R  V
F  R  A  U  Z  I  H  K  O  R  R  Y  Y  I  Z  E
C  O  M  P  R  E  R  U  E  L  E  G  A  N  C  E
H  V  T  Q  U  R  T  Z  D  S  T  O  X  F  S  T
A  A  U  O  T  A  M  V  B  T  K  C  J  V  R  X
R  R  J  E  G  G  B  A  T  Y  U  E  W  X  E  E
M  O  X  W  Y  E  O  B  X  L  D  S  P  E  J  L
E  N  F  N  L  B  N  X  J  I  O  V  L  V  X  E
M  A  M  H  K  Q  D  K  X  S  R  D  N  T  I  S
Q  E  L  E  G  A  N  T  M  T  P  G  N  Å  D  E
```

CHARME	MASCARA
FARVE	SPEJL
KOSMETIK	OLIER
KRØLLER	FOTOGEN
ELEGANCE	PRODUKTER
ELEGANT	SAKS
DUFT	SHAMPOO
NÅDE	HUD
LÆBESTIFT	GLAT
MAKEUP	STYLIST

34 - Clothes

```
S A N D A L E R E S K U B Q I T
L O X I P F N T P W L B K R H Ø
A R K P O F Q S V Y Z H W P U R
K T Q I D O C V J L J N L A T K
Q J G O V R V B R E T A E W S L
N L O W C K B Æ L T E O M W O Æ
H D A L S L R U G I W U M A E D
X N I G E Æ X J Y M B U A E S E
Y Å H Y A D U Y F J O U Y I I O
O B I I V E K K A J S D C X I I
S M Y K K E R I L E D R E D E N
N R S M A S C H S K J O R T E Q
A A V F W U Z D L K D O R A A F
E S M W R L K J N A L J S H L T
J D V T J B N M J R S K O O S I
U H A N D S K E R F L E V E C T
```

FORKLÆDE	JEANS
BÆLTE	SMYKKER
BLUSE	PYJAMAS
ARMBÅND	BUKSER
FRAKKE	SANDALER
KJOLE	TØRKLÆDE
MODE	SKJORTE
HANDSKER	SKO
HAT	NEDERDEL
JAKKE	SWEATER

35 - Astronomy

```
Q U A S T R O N O M O T B S I N
N C J U J I Y Z A O R O E T E M
P L M N E E L N U X G U G R S U
K O N S T E L L A T I O N Å L T
K O S M O S E O E N B Q T L E X
V R N E D I O R E T S A G I K F
A S T R O N A U T P A C N N R N
P L A N E T Y M U E B S S G Ø A
I C B R Z O D I A C Z U C C M P
M H I M M E L Z F V H P E K R N
I Å M U I R O T A V R E S B O A
Q X N T I E Q Z F Q I R K R F H
F H L E E Q U I N O X N A F R L
J O R D J K E R E B Z O L Z V K
R A I O M A A J C X P V A D N I
N E B U L A V R B U M A G H O B
```

ASTEROIDE
ASTRONAUT
ASTRONOM
KONSTELLATION
KOSMOS
JORD
FORMØRKELSE
EQUINOX
GALAKSE
METEOR

MÅNE
NEBULA
OBSERVATORIUM
PLANET
STRÅLING
RAKET
SATELLIT
HIMMEL
SUPERNOVA
ZODIAC

36 - Health and Wellness #2

```
H G N I R Æ N R E G A S S A M A
Y G E E N E R G I E A A I V L P
G T A N D A G I J T K L G P Y P
I X B B O C N E P W I O V G A E
E L H L K P I Y F A T O A T E T
J O Z O A V R S T R E S S T I I
N L C D L Æ E E S N N K O S T T
E Z Q N O G R B T Y E C V H I D
H O N U R T D B V N G X E Q N K
C O Z S I O Y L I H I D S J F G
I Z S K E S H E T F M N O X E U
S L Z P Z K E X A D O I G M K X
I Z K E I N D Q M Y T E V H T W
P D I J B T D U I J A E L C I Z
Q F T E C Z A W N G N R F U O P
A L L E R G I L F L A V O K N C
```

ALLERGI	SUND
ANATOMI	HOSPITAL
APPETIT	HYGIEJNE
BLOD	INFEKTION
KALORIE	MASSAGE
DEHYDRERING	ERNÆRING
KOST	GENOPRETNING
SYGDOM	STRESS
ENERGI	VITAMIN
GENETIK	VÆGT

37 - Disease

```
A  L  X  Z  A  T  I  A  F  I  C  X  D  S  G  T
Q  R  O  S  A  U  N  L  A  B  M  U  L  U  E  V
I  U  V  P  H  N  M  L  L  P  J  D  G  N  N  J
X  I  O  E  M  E  G  E  L  U  L  Q  E  D  E  L
Q  Y  I  T  L  V  O  R  S  L  F  H  I  H  T  K
Z  D  E  R  R  I  R  G  A  V  S  T  Y  E  I  C
N  V  M  E  N  F  G  I  O  O  G  K  V  D  S  E
E  O  D  J  A  N  P  E  C  X  P  N  X  E  K  S
U  K  D  H  L  E  I  R  E  T  K  A  B  K  J  L
R  K  S  Y  N  D  R  O  M  O  S  T  I  M  S  E
O  N  Z  I  I  M  M  U  N  I  T  E  T  A  O  D
P  O  Y  P  N  P  A  T  O  G  E  N  E  R  Q  N
A  G  V  A  C  O  A  B  D  O  M  I  N  A  L  Æ
T  L  O  R  A  V  R  M  R  P  D  H  F  Y  K  T
I  E  V  E  T  J  I  K  A  A  L  T  U  U  T  E
V  R  X  T  S  Q  U  M  I  D  D  J  S  D  B  B
```

ABDOMINAL	ARVELIG
ALLERGIER	IMMUNITET
BAKTERIEL	BETÆNDELSE
LEGEME	LUMBAL
KNOGLER	NEUROPATI
KRONISK	PATOGENER
SMITSOM	LUFTVEJE
GENETISK	SYNDROM
SUNDHED	TERAPI
HJERTE	SVAG

38 - Time

```
B  W  Å  S  S  Y  W  D  I  T  M  E  R  F  E  L
F  M  R  I  M  C  V  A  A  L  Z  H  E  L  B  K
M  L  H  X  G  E  A  I  J  G  C  E  D  B  R  Z
O  E  U  N  M  P  J  N  L  A  C  W  N  B  E  S
I  Z  N  W  V  T  A  N  L  D  J  Z  E  E  G  M
N  J  D  V  F  U  I  W  K  I  Z  P  L  K  H  O
U  N  R  Y  M  N  R  M  U  C  M  B  A  I  Q  R
G  P  E  G  A  I  B  V  E  V  Å  L  K  Q  V  G
E  J  D  T  F  M  Z  D  O  P  N  X  B  I  O  E
S  O  E  M  B  Å  R  L  I  G  E  Å  Z  Q  F  N
N  V  G  M  B  V  J  D  D  U  D  R  L  U  Ø  N
A  J  D  W  W  T  Q  C  E  R  S  M  S  T  R  Z
R  S  D  N  V  A  O  T  T  I  D  L  I  G  Å  O
T  W  U  N  E  A  W  F  T  I  Q  Z  W  V  R  V
I  O  L  G  R  J  H  L  T  O  S  C  I  W  T  I
U  R  L  F  K  M  Z  S  V  L  G  A  D  D  I  M
```

ÅRLIG	MINUT
FØR	MÅNED
KALENDER	MORGEN
ÅRHUNDREDE	NAT
UR	MIDDAG
DAG	NU
ÅRTI	SNART
TIDLIG	I DAG
FREMTID	UGE
TIME	ÅR

39 - Buildings

```
Q  K  W  S  L  O  T  E  X  E  P  M  Z  W  K  L
I  A  M  B  A  S  S  A  D  E  T  U  U  K  U  A
K  V  D  Y  P  L  Y  B  P  B  E  S  A  A  N  B
G  I  W  L  A  R  C  F  C  A  S  E  G  B  R  O
S  U  P  E  R  M  A  R  K  E  D  U  O  I  I  R
T  E  A  T  E  R  B  T  I  H  R  M  W  N  Q  A
S  L  B  O  Y  T  I  P  R  F  U  T  L  E  T  T
S  T  A  H  B  P  O  Y  B  C  J  M  E  W  X  O
H  K  A  D  X  Q  G  Y  A  W  K  B  T  Y  V  R
O  D  O  D  E  K  R  F  F  I  N  S  S  D  O  I
S  E  Q  L  I  J  A  P  N  D  M  U  O  N  E  U
P  O  Z  U  E  O  F  A  P  M  R  F  H  X  E  M
I  M  H  N  M  K  N  L  E  J  L  I  G  H  E  D
T  H  M  M  U  I  R  O  T  A  V  R  E  S  B  O
A  K  J  H  R  T  Å  U  K  A  U  F  L  H  P  F
L  A  L  Y  T  E  T  I  S  R  E  V  I  N  U  Z
```

LEJLIGHED	LABORATORIUM
LADE	MUSEUM
KABINE	OBSERVATORIUM
SLOT	SKOLE
BIOGRAF	STADION
AMBASSADE	SUPERMARKED
FABRIK	TELT
HOSPITAL	TEATER
HOSTEL	TÅRN
HOTEL	UNIVERSITET

40 - Philanthropy

```
L  F  I  N  A  N  S  I  E  R  E  Q  F  Æ  H  N
B  K  O  N  T  A  K  T  E  R  S  E  Æ  R  X  G
E  M  E  N  N  E  S  K  E  R  G  K  L  L  R  Z
H  H  I  S  T  O  R  I  E  O  U  P  L  I  U  L
O  O  I  T  E  T  I  S  Ø  R  E  N  E  G  T  P
V  O  P  X  J  G  F  A  O  C  J  G  S  H  W  R
O  F  F  E  N  T  L  I  G  V  R  T  S  E  P  O
U  D  F  O  R  D  R  I  N  G  E  R  K  D  G  G
B  E  K  F  E  R  E  N  O  D  U  A  A  F  L  R
V  I  Q  G  P  U  B  G  I  D  N  D  B  S  O  A
B  S  T  R  P  M  A  M  S  O  G  Z  Z  E  B  M
I  Ø  V  J  U  L  R  I  S  U  D  P  B  A  A  M
T  R  R  J  R  D  T  D  I  V  O  V  O  Y  L  E
A  Y  P  N  G  P  J  L  M  V  M  X  G  M  K  R
W  U  M  D  E  H  N  E  R  Ø  G  L  E  V  Å  Z
C  T  G  X  R  H  H  R  R  F  H  W  G  R  T  L
```

UDFORDRINGER	MÅL
VELGØRENHED	GRUPPER
BØRN	HISTORIE
FÆLLESSKAB	ÆRLIGHED
KONTAKTER	MISSION
DONERE	BEHOV
FINANSIERE	MENNESKER
MIDLER	PROGRAMMER
GENERØSITET	OFFENTLIG
GLOBAL	UNGDOM

41 - Gardening

```
S  R  J  Q  F  J  A  W  V  A  N  D  U  C  G  H
F  P  V  N  K  V  C  B  R  F  Z  C  R  X  U  E
G  X  I  K  T  L  Ø  V  W  N  T  T  T  K  X  I
V  B  X  S  M  R  Z  P  J  O  R  D  T  M  F  Q
F  O  D  I  E  G  N  A  L  S  C  X  G  C  C  R
R  T  B  T  T  L  T  G  S  E  M  K  U  D  Ø  L
U  A  U  O  S  T  I  U  X  P  N  H  I  A  R  T
G  N  K  S  E  S  F  G  H  Q  A  N  C  M  F  S
T  I  E  K  B  D  M  U  C  X  Z  Y  Z  I  C  M
H  S  T  E  N  Z  S  U  G  R  J  I  L  L  W  O
A  K  S  B  O  H  B  X  D  T  T  T  Q  K  M  L
V  E  O  M  S  R  C  D  A  S  I  B  L  A  D  B
E  N  P  D  Æ  B  L  O  M  S  T  E  R  C  X  V
F  I  M  B  S  M  R  B  E  H  O  L  D  E  R  I
D  S  O  T  B  K  J  B  G  Y  L  Y  K  Z  C  P
E  K  K  S  D  S  G  C  Y  V  Z  H  C  R  N  S
```

BLOMST	LØV
BOTANISK	SLANGE
BUKET	BLAD
KLIMA	FUGT
KOMPOST	FRUGTHAVE
BEHOLDER	SÆSONBESTEMT
SMUDS	FRØ
SPISELIG	JORD
EKSOTISK	ART
BLOMSTER	VAND

42 - Herbalism

```
P E R S I L L E T Q M I K P G D
E S T R A G O N O I E N L U E D
E F N L G E H O N Ø R G N F T Q
K S I T A M O R A I I R W W H W
D D M M M V L N I R A E S A G U
N Q X Y S M E V A H N D W A R C
G S B V V U I N Y L S I V U O K
N Z S C L K N O D H S E I F S K
G A V N L I G R M E I N Y E M V
H T W A J L E F T Y L S I N A W
O V T R Y I P F T I N U O N R F
M O I Z K S Y A Y L C T R I I H
R I P D G A Y S W K V Y E K N Z
T S M O L B P L A N T E N E T B
T F Y I G Ø K S I R A N I L U K
M M N O N A G E R O O G H X K C
```

AROMATISK
BASILIKUM
GAVNLIG
KULINARISK
FENNIKEL
SMAG
BLOMST
HAVE
HVIDLØG
GRØN

INGREDIENS
LAVENDEL
MERIAN
MYNTE
OREGANO
PERSILLE
PLANTE
ROSMARIN
SAFFRON
ESTRAGON

43 - Vehicles

```
P  G  F  P  Y  J  W  D  L  S  B  I  L  N  U  C
Y  A  R  Æ  K  Z  H  Æ  A  C  J  U  B  T  E  A
T  A  X  A  R  I  X  K  S  O  G  F  I  Ø  E  M
W  E  I  A  I  G  U  D  T  O  R  W  F  M  U  P
W  L  T  H  W  X  E  L  B  T  I  E  K  M  A  I
L  Y  Y  A  T  E  P  U  I  E  U  J  M  E  I  N
Y  H  Y  P  B  A  H  W  L  R  T  P  B  R  O  G
V  S  J  I  W  U  H  Q  I  W  F  P  E  F  T  V
J  P  I  V  Y  K  J  H  M  A  V  S  W  L  T  O
F  L  Y  J  L  K  Z  G  M  E  I  T  Y  Å  D  G
H  V  Y  R  E  T  P  O  K  I  L  E  H  D  A  N
C  R  O  T  K  A  R  T  N  W  R  T  Y  E  Q  D
I  O  S  P  Y  V  X  Q  S  D  L  A  T  K  B  M
J  T  W  E  C  N  A  L  U  B  M  A  K  U  R  U
G  O  E  K  K  P  V  T  B  Å  C  E  Y  E  H  Z
P  M  U  U  P  D  R  I  L  D  Å  B  U  G  T  S
```

FLY	TØMMERFLÅDE
AMBULANCE	RAKET
CYKEL	SCOOTER
BÅD	SHUTTLE
BUS	UBÅD
BIL	TAXA
CAMPINGVOGN	DÆK
FÆRGE	TRAKTOR
HELIKOPTER	TOG
MOTOR	LASTBIL

44 - Flowers

```
L D A I S Y S Q M T W F B J Q J
A I N E D R A G A M E G L Y W A
L P L S N G A J G Æ I T U I O S
H J E J H T S V N L X F N S P M
P M D T E K U B O K B B I P Å I
G D N B U J O G L E D O I I S N
O P E P A H T Z I B C R T Z K A
C Y V L C O F A Ø T K A V E P
C D A L B N O R K T J I J A L I
X G L J S I P A P T O D P L I L
S O L S I K K E Æ E K E Z M L U
L I L L A Z G R O S C L N U J T
T E N R S E K F N X G K Ø E E R
V H I B I S C U S P D X R V A H
P L U M E R I A Z M Q W F E E N
C A L E N D U L A F P X C Y E R
```

BUKET
CALENDULA
KLØVER
PÅSKELILJE
DAISY
MÆLKEBØTTE
GARDENIA
HIBISCUS
JASMIN
LAVENDEL

LILLA
LILJE
MAGNOLIA
ORKIDE
PÆON
KRONBLAD
PLUMERIA
VALMUE
SOLSIKKE
TULIPAN

45 - Health and Wellness #1

```
L  B  T  E  U  L  Æ  G  E  B  X  S  Y  Q  V  K
Y  J  B  E  D  J  Ø  H  B  I  H  W  E  W  I  L
H  O  N  N  R  E  V  R  E  N  S  U  L  T  R  I
B  T  I  A  C  A  I  T  V  B  C  G  X  W  U  N
U  C  G  V  U  L  P  A  K  T  I  V  Z  R  S  I
C  K  I  H  U  G  N  I  L  D  N  A  H  E  B  K
A  H  N  S  T  R  G  J  J  T  Y  Z  F  L  K  D
S  U  G  M  I  L  R  X  B  Q  X  K  E  G  S  A
C  J  C  E  U  M  I  H  O  U  D  T  E  O  Y  J
M  I  X  Z  M  S  U  J  U  I  G  H  B  N  W  S
E  Y  N  I  U  R  K  B  A  D  C  X  B  K  H  K
D  G  S  O  P  Z  E  L  B  A  K  T  E  R  I  E
I  U  U  C  M  Z  T  Y  E  O  O  U  Z  S  M  L
C  D  R  L  U  K  O  C  N  R  U  T  K  A  R  F
I  Z  G  N  I  N  P  A  L  S  F  A  W  Z  P  E
N  Y  K  W  W  K  A  H  O  R  M  O  N  E  R  R
```

AKTIV	MEDICIN
BAKTERIE	MUSKLER
KNOGLER	NERVER
KLINIK	APOTEK
LÆGE	REFLEKS
FRAKTUR	AFSLAPNING
VANE	HUD
HØJDE	TERAPI
HORMONER	BEHANDLING
SULT	VIRUS

46 - Town

```
H  Y  V  I  V  G  B  R  C  B  A  B  D  N  P  F
Z  J  E  R  B  B  I  R  E  L  L  A  G  G  F  F
O  M  H  L  X  F  B  K  B  I  O  G  R  A  F  Y
T  E  A  T  E  R  L  L  I  S  T  A  D  I  O  N
A  S  H  Z  F  O  I  Z  L  D  G  E  O  D  O  U
T  L  U  S  P  N  O  S  A  F  F  K  C  F  Z  N
N  Q  Z  P  U  G  T  T  Z  X  Q  E  M  I  W  I
I  N  H  H  E  K  E  M  U  S  E  U  M  I  A  V
N  V  Y  C  V  R  K  I  N  I  L  K  X  K  S  E
M  A  R  K  E  D  M  B  C  H  U  C  A  F  E  R
A  H  S  Z  E  N  S  A  A  B  U  T  I  K  C  S
H  T  X  A  Y  I  M  K  R  G  C  Q  F  E  Q  I
O  F  N  R  N  C  T  S  O  K  E  S  R  T  K  T
T  U  X  O  T  J  K  O  X  L  E  R  X  O  R  E
E  L  E  D  N  A  H  G  O  B  E  D  I  P  K  T
L  Q  B  P  Q  F  X  L  H  C  A  O  B  A  N  K
```

LUFTHAVN	MARKED
BAGERI	MUSEUM
BANK	APOTEK
BOGHANDEL	SKOLE
CAFE	STADION
BIOGRAF	BUTIK
KLINIK	SUPERMARKED
GALLERI	TEATER
HOTEL	UNIVERSITET
BIBLIOTEK	ZOO

47 - Antarctica

```
Z  V  G  V  Z  S  E  E  H  N  V  M  Y  G  M  E
W  A  D  K  K  R  K  M  G  Q  B  I  S  E  I  K
K  N  S  I  L  J  S  Y  U  U  T  Q  A  O  G  S
T  D  N  V  Q  Q  R  E  E  L  G  U  F  G  R  P
T  O  P  O  G  R  A  F  I  R  U  A  Z  R  A  E
A  Q  A  R  R  J  R  I  G  R  B  Z  E  A  T  D
V  I  D  E  N  S  K  A  B  E  L  I  G  F  I  I
S  V  X  M  I  N  E  R  A  L  E  R  G  I  O  T
T  N  F  H  Y  S  D  Z  S  G  N  E  U  X  N  I
E  R  U  T  A  R  E  P  M  E  T  K  V  V  Q  O
N  E  V  S  Y  L  I  S  V  X  J  S  T  O  B  N
E  Ø  J  L  I  M  V  K  I  B  Z  R  C  G  C  N
T  P  W  Y  Z  H  O  Ø  S  M  L  O  L  D  A  R
B  E  V  A  R  E  L  S  E  H  L  F  B  F  S  S
W  X  L  K  O  N  T  I  N  E  N  T  O  P  R  O
O  M  H  I  L  C  D  E  T  G  W  Q  B  I  F  C
```

BUGT	ØER
FUGLE	MIGRATION
SKYER	MINERALER
BEVARELSE	HALVØ
KONTINENT	FORSKER
COVE	STENET
MILJØ	VIDENSKABELIG
EKSPEDITION	TEMPERATUR
GEOGRAFI	TOPOGRAFI
IS	VAND

48 - Ballet

```
T G C J F V Q P S V D K R B K Y
M E Q M W E T W R X M D Y I O N
U N T L L R F W I A B C T F R D
S E H I M U S I K C K X M A E E
K R E T S E K R O X Q S E L O F
L A K S A N I S X N Q O I D G U
E L R O X J E F T K V V D S R L
R P F M M B Q T S N O R T U A D
U R Æ M U P F Q N Z G P P T F B
V Ø R Q K V O G N I J K I S I X
B V D Q I X H N Z D A N S E R E
W E I D L J V F I W M D C G J H
K T G P B Y D R G S T E K N I K
M R H Q U C A T Z Z T Y G D T D
E M E P P K U N S T N E R I S K
F G D E C O P B A L L E R I N A
```

BIFALD
KUNSTNERISK
PUBLIKUM
BALLERINA
KOREOGRAFI
KOMPONIST
DANSERE
GESTUS
YNDEFULD
INTENSITET

MUSKLER
MUSIK
ORKESTER
PRAKSIS
GENERALPRØVE
RYTME
FÆRDIGHED
STIL
TEKNIK

49 - Fashion

```
G E X E W K S I T K A R P C J B
I T K T D B O S S Y E O Y Y B O
L I T S Y Q R M A M Y X S B N U
E Y P K R X U O F E O Y B D P T
M E U Y T C T V D O B L O N D I
M Y Y M J W S A S E R L K E K Q
O C G Z P D K Q T B R T L R P U
K P D F G N E K O E E I A T Q E
R U O V Q D T A F W T R N B N J
E L E G A N T E R S S V I S E L
V N K N A P P E R O N O G M D L
O Y R R C R P U L J Ø T I Q E Å
R M L E U H O K Y E M M R H K M
V D E G D D F P R I V U O Q S X
B T C O B O N R N C F F B U E Z
J J H P P N M M S O F A J X B W
```

OVERKOMMELIG   MÅL
BOUTIQUE   MODERNE
KNAPPER   BESKEDEN
TØJ   ORIGINAL
KOMFORTABEL   MØNSTER
ELEGANT   PRAKTISK
BRODERI   STIL
DYRT   TEKSTUR
STOF   TREND
BLOND

50 - Human Body

```
L V Q I B G R U H X U P M E F H
W L B C H V H B C A G Z E Z W A
F Y V K D H N U K L G I X X R L
T D S K U L D E R S D E V O H S
K N O G L E R K Æ B E R H R S E
K Å L L G N E B N T L Ø C Z A Q
D H V H R R G R K V A F M U L O
C D U H E E N S K T L M K B B F
A N K E L J I B Z D A B O L U Z
Z U V T U H F Z Q E G N X O E S
H M B R G G C K W E B Y S D W Y
N K F E P H P V P E F L U I J D
C Æ Y J Y P X D Y N A S G E G Q
Y D S H J J Y X U T X S H H S T
K K L E Z Y X J X A C I X U M V
H K A Q M G N Y D X Y Z Z R N C
```

ANKEL	HOVED
BLOD	HJERTE
KNOGLER	KÆBE
HJERNE	KNÆ
HAGE	BEN
ØRE	MUND
ALBUE	HALS
ANSIGT	NÆSE
FINGER	SKULDER
HÅND	HUD

51 - Musical Instruments

```
B  E  Z  X  U  G  F  J  N  Q  F  L  Ø  J  T  E
T  A  B  M  I  R  A  M  U  B  X  Z  M  Z  E  H
R  K  N  O  I  S  S  U  K  R  E  P  D  I  N  J
O  L  U  J  L  V  D  J  A  F  L  F  U  M  I  B
M  A  S  R  O  I  R  I  K  A  P  V  U  Y  R  E
M  V  A  A  E  B  E  B  I  G  G  U  I  T  A  R
E  E  B  E  L  E  O  S  N  O  G  P  I  O  L  Q
J  R  G  U  G  O  N  G  O  T  I  O  B  C  K  E
H  A  R  P  E  V  L  I  M  A  N  D  O  L  I  N
M  A  Q  U  P  S  S  O  R  H  I  M  D  Q  H  I
W  W  Q  D  T  E  H  V  A  U  Z  S  G  K  P  L
V  R  I  S  W  X  F  Z  H  B  B  C  E  L  L  O
P  Y  X  W  X  S  L  F  L  E  H  M  M  V  O  I
U  O  T  W  I  I  K  N  G  M  E  N  A  P  N  V
F  M  B  P  S  T  R  O  M  P  E  T  M  T  L  T
S  A  X  O  F  O  N  L  I  P  Q  D  P  Z  V  S
```

BANJO	MANDOLIN
FAGOT	MARIMBA
CELLO	OBO
KLARINET	PERKUSSION
TROMME	KLAVER
FLØJTE	SAXOFON
GONG	TAMBURIN
GUITAR	BASUN
HARMONIKA	TROMPET
HARPE	VIOLIN

52 - Fruit

```
U Z B F I N N P X L K J X R K H
A C Z G E T I Æ S L C L P F O I
B V N A B K C R Æ B Z P J I K N
K K O R F A M E R C A J H G O D
J T R C A E L B Æ E V Q X I S B
W J T L A P R Æ B E S R I K N Æ
S D I P P D Q S O K I R B A Ø R
T J C M L B O J K W Y G U Q D K
N E K T A R I N A E U R D I M I
U X I X I D S P V N N H N Y E W
O E T Z F K J H A Y A P A P L I
Q J W D I M G Y U K N N N A O G
O T Z A E X D H G G A O A W N R
C Z K D J T M A N G O Z B S T Q
Q V I C J Y R M H E M T T B C K
O O D C T Q Z W T Q N N M P C T
```

ÆBLE	KIWI
ABRIKOS	CITRON
AVOCADO	MANGO
BANAN	MELON
BÆR	NEKTARIN
KIRSEBÆR	PAPAYA
KOKOSNØD	FERSKEN
FIG	PÆRE
DRUE	ANANAS
GUAVA	HINDBÆR

53 - Virtues #1

```
Z  X  S  B  D  F  M  I  L  S  L  A  P  T  P  L
Y  R  E  D  L  U  F  I  S  A  T  N  A  F  G  I
S  K  P  P  T  N  E  G  I  L  L  E  T  N  I  D
P  F  P  T  O  B  F  B  I  T  G  U  I  L  G  E
S  Ø  R  E  N  E  G  Y  E  A  N  G  E  E  N  N
E  J  R  A  E  S  O  G  Q  S  F  I  N  D  Æ  S
W  T  O  R  R  L  L  W  H  M  K  L  T  N  H  K
U  T  X  V  I  T  K  E  F  F  E  E  E  E  F  A
P  R  A  K  T  I  S  K  G  G  D  D  D  R  A  B
K  U  N  S  T  N  E  R  I  S  K  I  N  E  U  E
A  N  D  H  D  Z  X  W  T  S  I  L  E  M  N  L
A  C  O  W  O  V  T  Z  T  I  F  Å  R  R  W  I
S  D  Q  G  G  O  F  C  Y  K  L  P  Ø  A  I  G
G  I  R  R  E  G  S  Y  N  K  B  T  G  H  X  P
M  Q  C  M  A  A  J  Z  K  E  J  G  F  C  U  S
O  P  H  R  Q  D  J  U  S  R  N  H  A  I  C  O
```

KUNSTNERISK	NYTTIG
CHARMERENDE	FANTASIFULDE
REN	UAFHÆNGIG
SIKKER	INTELLIGENT
NYSGERRIG	BESKEDEN
AFGØRENDE	LIDENSKABELIG
EFFEKTIV	PATIENT
SJOV	PRAKTISK
GENERØS	PÅLIDELIG
GODT	KLOG

54 - Engineering

```
S  M  M  K  T  M  V  B  M  I  B  R  Y  D  I  P
Q  J  G  V  G  X  I  E  E  K  S  Æ  V  X  H  V
T  L  J  K  M  H  N  N  S  R  X  W  Z  T  B  H
X  Y  G  M  Y  B  K  O  K  O  E  D  B  Y  D  S
U  T  I  F  U  J  E  N  A  T  K  G  T  W  F  W
B  F  U  I  W  R  L  S  E  O  R  Y  N  E  K  W
D  I  A  G  R  A  M  D  V  M  Y  C  C  I  G  C
S  R  N  A  E  W  F  N  E  O  T  F  P  D  N  T
M  D  S  T  T  I  C  X  G  W  S  G  X  P  I  G
Q  M  N  D  E  Y  T  A  R  D  I  E  S  E  L  B
S  E  C  N  M  E  N  E  R  G  I  N  G  Z  Å  N
D  R  H  Å  A  U  O  W  A  F  R  I  K  E  M  D
L  F  Z  H  I  H  Q  M  K  U  I  K  I  E  A  Y
G  Q  L  W  D  I  D  N  O  K  A  S  T  S  O  R
S  T  A  B  I  L  I  T  E  T  O  A  T  P  D  X
S  T  R  U  K  T  U  R  N  N  W  M  U  U  C  R
```

VINKEL	HÅNDTAG
AKSE	VÆSKE
BEREGNING	MASKINE
DYBDE	MÅLING
DIAGRAM	MOTOR
DIAMETER	FREMDRIFT
DIESEL	STABILITET
ENERGI	STYRKE
GEAR	STRUKTUR

55 - Kitchen

```
B  K  O  K  C  O  C  B  M  A  E  S  H  M  K  K
K  L  T  Ø  W  H  P  E  D  Æ  L  K  R  O  F  M
A  X  H  L  Y  M  I  S  P  U  G  Å  Z  I  I  R
K  A  R  E  S  Y  R  F  K  D  W  L  E  D  E  K
R  B  E  S  E  U  T  U  I  R  R  F  I  K  Z  U
Y  V  L  K  O  J  U  N  S  O  I  S  V  E  R  I
D  Z  F  A  X  E  X  K  K  N  K  F  Y  A  D  T
D  W  A  B  Q  D  V  G  D  X  O  S  T  R  X  B
E  C  G  K  A  N  D  E  V  S  P  E  L  B  E  P
R  O  X  M  Z  I  V  U  H  O  P  R  S  L  E  V
I  L  V  Q  C  P  N  O  D  S  E  V  I  N  K  U
E  E  Z  C  T  E  U  Y  D  V  R  I  L  W  K  K
R  X  I  P  D  S  E  Z  G  A  C  E  E  X  U  O
S  K  E  E  R  I  F  Z  O  M  M  T  F  M  R  H
V  D  E  F  F  P  K  N  Q  P  A  C  M  S  K  X
G  J  O  Y  G  S  G  R  I  L  L  U  H  Z  S  J
```

FORKLÆDE	KEDEL
SKÅL	KNIVE
SPISEPINDE	SLEV
KOPPER	SERVIET
MAD	OVN
GAFLER	OPSKRIFT
FRYSER	KØLESKAB
GRILL	KRYDDERIER
KRUKKE	SVAMP
KANDE	SKEER

56 - Government

```
B O R G E R S K A B G D Q U P M
S O I O P J P O Y D D E U A O O
S T A T Z Z F M W W V M A F L N
L O H F B K C A C X P O S H I U
O T M P Q Z C Q H C B K L Æ T M
U D G F B B Y D S O M R U N I E
D E I P R N A T I O N A G G K N
O H L S G I L T E R V T N I K T
V G E H K J H T B K X I I G H Z
O I D J B U L E L A T J N H N J
K N E D N K S J D Q W E T E J H
D E R F S K G S L P I M A D O R
S U F Y D E H G I D R Æ F T E R
L I G H E D U E V O U P R J Z I
L E D E R X Z K I Q N K O R U G
S Y M B O L T N C C D H F N E D
```

BORGERSKAB	LOV
CIVIL	LEDER
FORFATNING	FRIHED
DEMOKRATI	MONUMENT
DISKUSSION	NATION
UENIGHED	FREDELIG
LIGHED	POLITIK
UAFHÆNGIGHED	TALE
RETLIG	STAT
RETFÆRDIGHED	SYMBOL

57 - Art Supplies

```
B L Æ K X S Z Y T X L K D A G L
B L Y A N T E R A L E J A R T B
S T A F F E L I B U R E L A M C
Y O N V B V W W E D L O C R X X
U B T R Æ K U L L G N P S A O F
F O I M E I L O U Z W N F R I J
J A D J B T E T I V I T A E R K
X U E Y V X S S S X C V E L U X
K R E V R A F R E U B M R L B Y
W A R O F Z N X Ø E A D M E V T
O V M Y K W S D F B D B R R A Q
N R I E S H Z J E B P J A A K Q
K W L T R E D Æ L E K S I V R Q
P A P I R A Q L X A F K K K Y R
F K V U I B Z A N K N I G A L N
C M P F Y G J M O K X L J X Y R
```

AKRYL	LIM
BØRSTER	IDEER
KAMERA	BLÆK
STOL	OLIE
TRÆKUL	MALER
LER	PAPIR
FARVER	BLYANTER
KREATIVITET	TABEL
STAFFELI	VAND
VISKELÆDER	AKVARELLER

58 - Science Fiction

```
D Y S T O P I K N G K O T C M B
T E K N O L O G I J M R E G Ø B
M E K S T R E M N B A A L X T R
F K E M I K A L I E R C X D O O
F A H G A V E R D E N L R X M B
U E N R U T Z Z X E Y E L K D O
T G O T D E O A R I S P P M C T
U H I E A B Z M H I F K M F Q T
R K S N B S D N A R B S A Z I E
I D O A U Q T O Y R D I J L M R
S O L L G H O I L H E T P Q A X
T K P P L I T S S I L S U Y G G
I D S D P U P U F K E Y T O I W
S Y K H W R I L L L F M O S N X
K U E J A R C L Y J R D P C Æ Q
B I O G R A F I F U Q W I N R P
```

ATOMAR	GALAKSE
BØGER	ILLUSION
KEMIKALIER	IMAGINÆR
BIOGRAF	MYSTISK
DYSTOPI	ORACLE
EKSPLOSION	PLANET
EKSTREM	ROBOTTER
FANTASTISK	TEKNOLOGI
BRAND	UTOPI
FUTURISTISK	VERDEN

59 - Geometry

```
M O G M J B G N I N G I L V W X
O A S P S E S U N E P V F A W U
V E S U Q R Y M O C W J V N V J
E S H S L E H M I V W S U D B C
R O J N E G P E S N I N O R L I
F H H I D N G R N Y R N F E H R
L I Ø K N I I L E L M V K T I K
A C J K A N O O M B I M R E S E
D C D P K G K G I Y S T E W L L
E G E L U G X I D T L E T T H X
G V E O R X P K J N F O E N R C
R G N N V M E D I A N R M E G I
B R B Z E B V Y T K G I A M S B
P A R A L L E L S E G A I G Z K
C R L U O Z K P Q R N G D E Z A
Q B R E F O E O Q T Z M K S P O
```

VINKEL
BEREGNING
CIRKEL
KURVE
DIAMETER
DIMENSION
LIGNING
HØJDE
VANDRET
LOGIK

MASSE
MEDIAN
NUMMER
PARALLEL
ANDEL
SEGMENT
OVERFLADE
SYMMETRI
TEORI
TREKANT

60 - Creativity

```
B  K  I  P  K  S  I  T  A  M  A  R  D  K  R  F
O  A  M  W  R  L  I  N  T  E  N  S  I  T  E  T
W  Q  C  S  F  R  A  O  P  F  I  N  D  S  O  M
B  V  S  W  Z  K  Y  R  T  D  U  B  L  K  G  H
R  D  E  H  T  G  Æ  Y  H  I  L  T  W  B  U  U
W  E  I  E  B  W  H  I  E  E  F  X  O  J  F  R
N  H  Z  H  H  U  W  S  I  J  D  N  T  H  Ø  V
O  G  J  W  K  T  P  A  E  V  N  O  P  A  L  I
I  I  C  K  U  N  S  T  N  E  R  I  S  K  E  S
T  D  R  O  Y  F  P  N  R  H  F  T  H  O  L  I
A  R  E  K  O  R  P  A  J  K  H  I  P  L  S  O
S  Æ  Y  E  I  X  T  F  Z  J  P  U  M  I  E  N
N  F  V  F  R  L  M  D  A  C  D  T  O  R  R  E
E  D  E  L  L  I  B  W  N  A  T  N  O  P  S  R
S  E  Q  V  P  H  D  E  N  I  R  I  W  L  N  A
F  L  U  I  D  I  T  E  T  Y  X  S  D  E  I  M
```

KUNSTNERISK	FANTASI
ÆGTHED	INDTRYK
KLARHED	INTENSITET
DRAMATISK	INTUITION
FØLELSER	OPFINDSOM
UDTRYK	SENSATION
FLUIDITET	FÆRDIGHED
IDEER	SPONTAN
BILLEDE	VISIONER

61 - Airplanes

```
R E G A S S A P N H D B L P B A
L E M M I H H R M P H C L R C F
F O T S D N Æ R B F R S I O K S
G M T N I R B N K J E P Y P O T
N Q G N I D N A L Y W P A E N A
J B H O R N T R S U Q H V L S M
B T S L Y Y G A Y A F C E L T N
A T U R B U L E N S D T I E R I
K J O P U P P U M S F O R R U N
S M A R S Z U X B A L L O N K G
D A H J X G X Q L L J I T A T S
N E R Æ F S O M T A Q P S A I M
A D S W K D A Q V Z I U I B O O
M J C I N X X K T T X K H I N T
Y Ø D S G B P E V E N T Y R X O
R H V B L N O O L F M W Z S K R
```

EVENTYR
LUFT
ATMOSFÆRE
BALLON
KONSTRUKTION
MANDSKAB
AFSTAMNING
DESIGN
RETNING
MOTOR

BRÆNDSTOF
HØJDE
HISTORIE
BRINT
LANDING
PASSAGER
PILOT
PROPELLER
HIMMEL
TURBULENS

62 - Ocean

```
F D E L F I N K O R O C G G Å L
I E B D B L Æ K S P R U T T E Z
S X B M D Q B F Y G F C J S D J
K A A T P A H V A L W H O D L S
L M R P X T P P L O Z T R N T T
R V K X I E O D S E K O R A L U
E E A S V B I M L J L W N V A N
J R O N N G M Z A I L F G E S E
E A F Y D D D U L Y K M F D R T
L F U N O M O Z G F Z S G I E N
S B X O S S A C E P B V Y T T C
O A G O W T G N R A L Q P W S I
S J N P O O Z W D B D A K B Ø A
S V A M P R X R Q Z O Z D D L R
M G T H X M U L O N Q Z A T G R
I S W L M B I V U F J V M T R M
```

ALGER	SALT
KORAL	TANG
KRABBE	HAJ
DELFIN	REJE
ÅL	SVAMP
FISK	STORM
VANDMAND	TIDEVAND
BLÆKSPRUTTE	TUN
ØSTERS	SKILDPADDE
REV	HVAL

63 - Force and Gravity

```
C  O  F  B  M  B  P  Y  R  K  B  W  P  P  U  V
S  X  X  E  A  Z  R  L  A  S  N  L  T  F  N  Æ
D  Z  G  V  G  H  A  S  T  I  G  H  E  D  I  G
L  W  M  Æ  N  Z  B  N  Y  M  X  R  H  N  V  T
T  B  A  G  E  S  K  A  W  A  S  G  B  A  E  S
L  Y  R  E  T  N  E  C  U  N  N  Y  Z  T  R  E
O  J  F  L  I  S  F  E  A  Y  B  C  B  S  S  J
M  P  E  S  S  M  B  Y  I  D  J  M  W  F  E  E
E  H  D  E  M  M  O  M  E  N  T  U  M  A  L  N
K  J  U  A  E  R  F  Y  S  I  K  Y  R  T  N  D
A  Y  T  O  G  F  R  I  K  T  I  O  N  F  K  O
N  Y  I  C  G  E  S  L  E  D  I  V  D  U  A  M
I  X  N  T  B  Ø  L  S  D  E  R  K  T  F  M  M
K  V  G  P  E  T  U  S  E  L  G  Y  X  I  W  E
J  M  A  O  C  W  M  B  E  P  K  Q  H  I  D  Z
W  D  M  U  W  L  L  N  S  J  N  L  Y  D  E  E
```

AKSE	MOMENTUM
CENTER	BEVÆGELSE
OPDAGELSE	KREDSLØB
AFSTAND	FYSIK
DYNAMISK	TRYK
UDVIDELSE	EJENDOMME
FRIKTION	HASTIGHED
MAGNETISME	TID
MAGNITUDE	UNIVERSEL
MEKANIK	VÆGT

64 - Birds

```
M T K M P I Z N T G E J W Y J B
W M Y H I L K F C R S Q S Y Z F
X T L A N R Ø I B B T Z D M Q B
X Z L O G N I M A L F M Å G E X
B S I F V J K J A E R J E H R N
K N N H I W P R Q J Y D N A S N
S A G I N R H S A Ø T B A Y V A
S C N P Å F U G L G Ø G V K O E
J U N A J P F X N E E W S T C F
G O O V R U P S S P V N Å O C N
I T J U C I S N N A O W G J R B
I Z B I U L E T F P F E J A F A
P E L I K A N F O Æ G E Q I N I
B Y C P B L S D U R T S H Q I P
Z X X L S G I B J G K F O S O I
A B I T U K H C N X L K F R U C
```

KANARIEFUGL	HEJRE
KYLLING	STRUDS
KRAGE	PAPEGØJE
GØG	PÅFUGL
AND	PELIKAN
ØRN	PINGVIN
ÆG	SPURV
FLAMINGO	STORK
GÅS	SVANE
MÅGE	TOUCAN

65 - Art

```
F W X D D T Z V U F J M N Y Æ K
I X S H E W K S H L O W F J R E
G N I N T Æ S N E M M A S X L R
U H U M Ø R S K U L P T U R I A
R S V R B O Y Y W E M N E E G M
I K I T E R E R I P S N I I X I
G A S Z Z B W T S I E E V R M S
G B U L F Q S D E Y A Z T E F K
H E E V C P K U O T M D Z L N T
J I L Y Q P I E P W H B L A D D
S I M P E L L W Z N M R O M H S
Z I Z R O L D C H W L K Y L G O
F K H T N N R P E R S O N L I G
T G L R G R E O R I G I N A L F
K O M P L E K S F S Y Z Q L W W
C I M S U R R E A L I S M E G V
```

KERAMISK	MALERIER
KOMPLEKS	PERSONLIG
SAMMENSÆTNING	POESI
SKABE	SKILDRE
UDTRYK	SKULPTUR
FIGUR	SIMPEL
ÆRLIG	EMNE
INSPIRERET	SURREALISME
HUMØR	SYMBOL
ORIGINAL	VISUEL

66 - Nutrition

```
K V A L I T E T G Æ V H A H R A
F O R D Ø J E L S E V F P L T F
R E E E D V B Q Y N I G P O W B
C M T Q N I E G K Æ T I E K U A
L M A Y U A M I E R A Y T W X L
Y N R V S T V L Q I M S I R X A
I R D B I T T E R N I T T S H N
M W Y I X J S S W G N I R Æ G C
S B H T K X P I G S B W P C A E
V A L N O A B P K S W A S Q M R
E C U A S K L S N T K O S T S E
J H K C K L S O K O D M P P J T
R D C W M V D I R F Y B E F T L
W G J X R P W S N I Z P X H M F
P R O T E I N E R D E H D N U S
C M Q G L A S O D T J R O U D O
```

APPETIT
AFBALANCERET
BITTER
KALORIER
KULHYDRATER
KOST
FORDØJELSE
SPISELIG
GÆRING
SMAG

VANER
SUNDHED
SUND
NÆRINGSSTOF
PROTEINER
KVALITET
SAUCE
TOKSIN
VITAMIN
VÆGT

67 - Hiking

```
U O H A M D O K Y M V P S L F X
T R Æ T L S W Y L K G A I H O D
W U W J H Q N K T I W M N L R B
G I L R S E E H B V M I K D B K
H G N I P M A C P D M A M C E O
C C O B A G N U T F A R E R R R
K S K Y R Y D R R U T A N E E I
E E S P K M L E O Z V X V L D E
L Y Q M E K I P K L K S X V E N
B G R K R D V S Y S L T J Ø L T
K N G L R F Ø X D O I E N T S E
O C R L U Y T M M L N N H S E R
B J E R G N B H P P T W E G A I
E Q B G G B G X M O X S D G F N
O M D D U Q A K Y M T V S V I G
E J N E C G N W X W P F A O D W
```

DYR
STØVLER
CAMPING
KLINT
KLIMA
FARER
TUNG
KORT
MYG
BJERG

NATUR
ORIENTERING
PARKER
FORBEREDELSE
STEN
TOPMØDE
SOL
TRÆT
VAND
VILD

68 - Professions #1

```
Y  Q  R  R  B  F  Z  F  R  F  M  G  J  P  M  L
Y  H  T  Z  Z  T  K  V  R  A  Y  L  Z  S  U  Æ
S  Y  G  E  P  L  E  J  E  R  S  K  E  Ø  S  G
R  A  D  A  N  S  E  R  D  G  T  C  P  M  I  E
E  E  S  H  D  O  P  W  D  O  R  V  S  A  K  V
G  S  D  T  L  U  A  L  Æ  T  Æ  E  Y  N  E  V
Æ  U  B  A  R  D  U  P  R  R  N  R  K  D  R  R
L  L  L  X  K  O  K  K  A  E  A  O  B  S  X
R  I  K  D  L  T  N  A  S  K  R  D  L  M  H  E
Y  E  T  K  S  E  Ø  O  C  H  T  V  O  C  I  G
D  J  S  A  R  M  R  R  M  J  U  O  G  R  S  E
N  D  I  E  D  L  E  D  N  A  M  K  N  A  B  O
F  H  N  B  B  R  Ø  D  A  S  S  A  B  M  A  L
G  P  A  J  Æ  G  E  R  K  D  A  T  U  O  V  O
B  L  I  K  K  E  N  S  L  A  G  E  R  A  Z  G
F  P  P  S  Y  P  E  H  V  A  L  E  Y  K  B  H
```

AMBASSADØR	JÆGER
ASTRONOM	GULDSMED
ADVOKAT	MUSIKER
BANKMAND	SYGEPLEJERSKE
KARTOGRAF	PIANIST
TRÆNER	BLIKKENSLAGER
DANSER	PSYKOLOG
LÆGE	SØMAND
REDAKTØR	SKRÆDDER
GEOLOG	DYRLÆGE

69 - Barbecues

```
T R H U F G N W H M X A V I G F
O B T X A B R Q Q C Q B I S R A
M P F C M T S M D C B M W A Ø V
A V R C I Z X E H D U T V L N V
T O U Y L I P S G R I L L A T V
E L G Q I T N Z A E Y A S T S Y
R L T G E H E D D L A S J E A N
S O F L D Z H M D F J Q J R G M
G A D A U B O G I A X W Y F E U
G Q U Q N S G X M G O R R N R S
D X Q C I Y B S O M M E R O Q I
M C B R E I M Ø M A D Q D F P K
C T I W V B S R R E N N E V M H
Y C T K I O X C S N V S L X Y A
D S O V N K Y L L I N G I M L W
X Y S H K N M G X M R Y N Q L E
```

KYLLING

BØRN

MIDDAG

FAMILIE

MAD

GAFLER

VENNER

FRUGT

SPIL

GRILL

HED

SULT

KNIVE

MUSIK

SALATER

SALT

SAUCE

SOMMER

TOMATER

GRØNTSAGER

70 - Chocolate

```
P Q W B K A U N T F I R K S P O
F A V O R I T A Q K S F O P X N
I N G R E D I E N S S N K Q S F
S D V H I E G D Y I P F O E O J
Q L T G R A K B J P S O S S Q T
D U I N O K N S F T T Q N U I N
V Z U K L J H T O M S E Ø K B K
S Ø D R A B P X I T B C D K H K
J Y K P K Y J R L O I J A E H A
L Æ K K E R E A E B X S K R G R
J O R D N Ø D D E R B I K S W A
A T R A N G S M A G I M D B V M
R C A C A O R U N T T Y L A X E
O K V A L I T E T H T D N N N L
M L G K T A N E N T E U C K W T
A P U L V E R L Y O R F Q M B W
```

ANTIOXIDANT	EKSOTISK
AROMA	FAVORIT
BITTER	INGREDIENS
CACAO	JORDNØDDER
KALORIER	PULVER
SLIK	KVALITET
KARAMEL	OPSKRIFT
KOKOSNØD	SUKKER
TRANG	SØD
LÆKKER	SMAG

71 - Vegetables

```
S Q V M A C R B G S G K C C T H
M V F U T G Ø L Q K S V H P P A
A P A M A Ø U A P A W L Y L Y Q
J P S M C L P R I L O C C O R B
R S N H P D G Æ K O K S I T R A
O X Q M Q I U F V T J E N A H T
E F N R F V E E V T W N W L I R
L T G R R H L G L E S I D A R G
B L O M K Å L N M L S G G S E U
T M C X S A I I Y Ø W R R Q L L
R O R I K N S E X G F E Æ L L E
Æ I M O K R R R O N M B S N E R
T J G A W R E H L L E U K Q S O
H H Z K T S P I N A T A A O N D
D I K Z L E U H U M B F R Y I D
X F V Q I F Z W B G O A W I I E
```

ARTISKOK
BROCCOLI
GULEROD
BLOMKÅL
SELLERI
AGURK
AUBERGINE
HVIDLØG
INGEFÆR
SVAMP

LØG
PERSILLE
ÆRT
GRÆSKAR
RADISE
SALAT
SKALOTTELØG
SPINAT
TOMAT
MAJROE

72 - The Media

```
A L A T I G I D F R M V D D L Y
U I V T M E P K R S A W Q Q E T
B L I U Y T S N D L G G F D U O
W G S X F T Y L G W A P N Y D U
F L E G G N I R E I S N A N I F
B A R I X A T V K N I L C Q V K
I B K L M E N I N G N O Z E I O
L O R T R A D I O P E A Y W D M
L X Æ N A G E F N M R Z D V N M
E X V E I N D U S T R I R D I E
D I T F D Q U P Y A E E P R U R
E H E F P W C Y P L Q N N H S C
R W N O U D G A V E N I L N O I
H O L D N I N G E R R Z L V M E
K O M M U N I K A T I O N F T L
I N T E L L E K T U E L A K O L
```

HOLDNINGER	INDUSTRI
KOMMERCIEL	INTELLEKTUEL
KOMMUNIKATION	LOKAL
DIGITAL	MAGASINER
UDGAVE	NETVÆRK
UDDANNELSE	AVISER
FAKTA	ONLINE
FINANSIERING	MENING
BILLEDER	OFFENTLIG
INDIVIDUEL	RADIO

73 - Boats

```
J  N  E  P  Q  B  A  K  S  D  N  A  M  W  J  R
U  G  L  C  Y  Ø  A  S  U  O  O  Z  H  O  H  E
A  N  K  E  R  J  I  J  T  L  G  U  I  Y  A  D
T  H  A  N  B  E  G  R  Æ  F  K  A  J  A  K  N
Ø  D  A  E  Z  O  H  G  J  U  G  H  O  X  M  I
M  Z  Q  V  C  C  T  U  V  S  G  U  L  M  O  N
M  C  V  V  W  O  C  U  S  O  I  B  R  J  T  G
E  T  M  T  D  N  I  K  Z  D  A  W  F  V  O  S
R  R  E  B  Y  A  D  S  Ø  X  M  W  W  C  R  B
F  L  F  K  E  K  Å  O  J  S  N  M  R  H  A  Å
L  X  O  F  E  H  B  Y  C  V  A  I  U  J  B  D
Å  R  P  X  T  M  L  A  C  K  U  S  W  I  G  D
D  N  A  M  Ø  S  J  C  S  U  T  Q  M  A  S  T
E  K  Y  B  Q  F  E  H  D  E  I  J  F  Z  L  C
N  N  B  L  J  H  S  T  M  P  S  Y  M  O  Z  Q
R  A  M  M  K  H  P  W  J  V  K  L  D  C  E  V
```

ANKER	MAST
BØJE	NAUTISK
KANO	OCEAN
MANDSKAB	TØMMERFLÅDE
DOCK	FLOD
MOTOR	REB
FÆRGE	SEJLBÅD
KAJAK	SØMAND
SØ	HAV
REDNINGSBÅD	YACHT

74 - Activities and Leisure

```
T Z J L F X B I R E L A M C U M
S G N I R D N A V D L O B D O F
T E N N I S Y F S N L Y O O S E
X H F G J M Y I N E A H T O U W
Z L G O G T E S U P B K M P R P
H X C A P G M K X P T A N Q F H
H W C H Y X M E F A E C L S I A
Y X M I Q Y G R O L K S W L N V
V F G I C Z G I X S S A U A G E
K Y N Q L K V N G F A D Q C N A
G N I P M A C P I A B H R K I R
K U N S T R D Y K N I N G U C B
H L S S T E I D A D M G M N A E
J X K Y A J S W Y D F Ø O V R J
J Z O E C S W H P D H E V L H D
O S B N O E G N I P P O H S F E
```

KUNST
BASEBALL
BASKETBALL
BOKSNING
CAMPING
DYKNING
FISKERI
HAVEARBEJDE
GOLF
VANDRING

MALERI
RACING
AFSLAPPENDE
SHOPPING
FODBOLD
SURFING
SVØMNING
TENNIS
REJSE

75 - Driving

```
Z N H H G B G A N N V P S O F W
P U G A P A R K U R K O R G L Z
B K Y S A G H E K K Y L U K A O
O X T T M W Y G M E Z I M T J C
A O G I O H R A T S S T F Q D F
B I L G T O Q R L Z E I K U R O
P M I H O S B A E I D R O X T D
K C B E R R B G N R C D U F R G
O T T D H V P N N V C E G O A Æ
R X S D V F E O U Z H R N T F N
T H A T C W W J T V A A Q S I G
A O L F W S K O M Q U F V D K E
M O T O R C Y K E L F A O N L R
S I K K E R H E D A F U U Æ A G
S U B Q Q V J U J A Ø L F R C R
D S H K D D U M G I R W N B V Y
```

ULYKKE	MOTOR
BREMSER	MOTORCYKEL
BIL	FODGÆNGER
FARE	POLITI
CHAUFFØR	VEJ
BRÆNDSTOF	SIKKERHED
GARAGE	HASTIGHED
GAS	TRAFIK
LICENS	LASTBIL
KORT	TUNNEL

76 - Biology

```
K E G F W A K A B Z E L T Q S T
X O G T X F R N U A I B V K G M
X R L W P E C A D K K G O S W K
I V R L D D Q T V K N T N A I R
P N Y H A A M O I K E U E K P V
J O A V L G Z M K K R X L R G E
X M Y T V N E I L R V P L E I S
R R M A U O R N I Y E W E T L E
V O O N O R U E N B C A C S A T
C H S O W L L D G D J C U O P N
P R O T E I N I M Y Z N E F Z Y
D L M X G W Y S G R L D S E S S
X N O I T A T U M O I Q O U O O
S M R Y D E T T A P R L M U P T
V R K S Y M B I O S E R S L P O
S Y N A P S E P J F K Y O G Y F
```

ANATOMI
BAKTERIE
CELLE
KROMOSOM
KOLLAGEN
FOSTER
ENZYM
UDVIKLING
HORMON
PATTEDYR

MUTATION
NATURLIG
NERVE
NEURON
OSMOSE
FOTOSYNTESE
PROTEIN
KRYBDYR
SYMBIOSE
SYNAPSE

77 - Professions #2

```
B L F K Q J O U U Y N A S I T W
I Y I D I M S F T C H H E I S Q
O G L E L R A K E T O I L B I B
L X O T J Æ U L X H V Z Y C V W
O G S E Y M G R E N T R A G G K
G E O K N O A E G M Z B V L N K
M G F T R X L L S D T S V E I J
H Æ W I P X T I E W X X F M L O
O L X V X O D J H R E S S Z M U
P D N A M D N A L S C U E Z B R
I N G E N I Ø R E D N I F P O N
Y A I L L U S T R A T O R M K A
O T U A N O R T S A L Æ R E R L
Z Y O H B F O T O G R A F I W I
Z O O L O G U P A U S S W Q A S
U L P L L P I L O T D J W P Y T
```

ASTRONAUT	BIBLIOTEKAR
BIOLOG	LINGVIST
TANDLÆGE	MALER
DETEKTIV	FILOSOF
INGENIØR	FOTOGRAF
LANDMAND	LÆGE
GARTNER	PILOT
ILLUSTRATOR	KIRURG
OPFINDER	LÆRER
JOURNALIST	ZOOLOG

78 - Emotions

```
K  S  G  R  D  L  O  H  D  N  I  W  S  G  E  V
F  K  M  E  E  X  Y  S  I  T  A  P  M  Y  S  E
X  V  X  L  H  G  M  K  J  V  U  I  S  H  L  N
T  J  F  I  M  W  T  E  S  W  Z  K  C  H  E  L
G  A  I  E  Ø  T  E  P  P  A  L  S  F  A  K  I
Y  R  K  F  J  F  Z  M  K  Y  L  R  G  Q  S  G
R  Q  Y  N  X  F  M  J  G  U  B  I  Q  E  A  H
F  B  S  D  E  R  F  L  I  T  S  K  G  X  R  E
U  V  A  R  E  M  F  T  C  F  T  Æ  R  H  R  D
O  R  O  L  I  G  M  J  I  Y  N  R  O  G  E  T
W  B  R  L  I  F  U  E  O  T  D  L  S  Q  V  D
M  S  C  S  F  S  Q  D  L  O  I  I  O  V  O  E
K  E  D  S  O  M  H  E  D  I  M  G  F  L  Y  R
M  G  L  Æ  D  E  L  R  M  O  G  H  I  X  V  F
X  K  N  S  Z  D  D  V  W  K  A  E  Q  Z  M  M
S  W  K  D  Y  W  W  T  E  I  D  D  P  X  Y  W
```

VREDE	KÆRLIGHED
LYKSALIGHED	FRED
KEDSOMHED	AFSLAPPET
ROLIG	RELIEF
INDHOLD	SORG
FLOV	TILFREDS
FRYGT	OVERRASKELSE
TAKNEMMELIG	SYMPATI
GLÆDE	ØMHED
VENLIGHED	RO

79 - Mythology

```
L G J F H I N C X G K E K G H U
A A L O M J K G T J K C Q U K D
R E B R E D U G X A B E B M P Ø
K T U Y K O F A R D B P I U B D
E Y Q D R Æ F D A T N C Z R Y E
T B B P Y I S U O L A J S P R L
Y P A A T G N E D R O T G A E I
P G I I S S Z T D Ø D E L I G G
E K A T A S T R O F E L D T I H
K W S N G A S K O I I Y I E R E
S K A B E L S E P U L N H G K D
C E R L G S H E M J G D Æ C Q T
G S H B P T Æ I Y I Q R V M L Q
V G E E T J R V C O W O N V B D
I H L P Y P F O U H Y R E K U Y
R U T L U K A O S D W L Y M N O
```

ARKETYPE   JALOUSI
ADFÆRD   LABYRINT
TRO   SAGN
SKABELSE   LYN
VÆSEN   UHYRE
KULTUR   DØDELIG
GUDER   HÆVN
KATASTROFE   STYRKE
HELT   TORDEN
UDØDELIGHED   KRIGER

80 - Agronomy

```
M  G  K  L  L  P  K  F  V  N  E  Q  Z  Y  L  W
Z  G  Y  Y  Q  Ø  L  A  R  U  R  J  D  I  A  Z
G  E  M  Y  G  S  K  A  D  H  X  V  P  P  N  N
D  F  D  N  L  V  Z  O  N  R  I  C  Q  Z  D  V
G  J  N  E  K  I  Q  M  L  T  S  K  Æ  V  B  I
N  O  I  S  O  R  E  L  I  O  E  V  R  B  R  D
I  G  P  C  E  F  X  J  K  L  G  R  U  D  U  E
N  O  I  T  K  U  D  O  R  P  J  I  B  F  G  N
D  G  N  I  N  E  R  U  R  O  F  Ø  S  Q  C  S
Ø  K  O  L  O  G  I  P  E  M  A  D  D  K  K  K
G  E  N  E  R  G  I  E  M  M  O  D  G  Y  S  A
G  R  Ø  N  T  S  A  G  E  R  N  V  D  C  F  B
W  G  X  B  E  M  G  J  T  C  J  I  D  Z  R  Y
V  V  E  S  L  E  G  Ø  S  R  E  D  N  U  Ø  I
R  S  T  J  T  R  G  C  Y  I  R  W  A  O  F  X
C  W  Q  G  G  Z  N  S  S  G  S  P  V  P  S  U
```

LANDBRUG
SYGDOMME
ØKOLOGI
ENERGI
MILJØ
EROSION
GØDNING
MAD
VÆKST
ØKOLOGISK

PLANTER
FORURENING
PRODUKTION
RURAL
VIDENSKAB
FRØ
UNDERSØGELSE
SYSTEMER
GRØNTSAGER
VAND

81 - Hair Types

```
Z G O Y B L O N D X F M T E S W
J N R J J Y D A I P L Z H I J P
P A Q Å G X S E V A E O R G W V
A L R M T O W P H X T R O K Y T
F A R V E T R O S V T E B S D I
Q E U G A X N B A F E D G X G A
B K R Ø L L E T J Q T N T L V Y
S R E G N I N T E L F E Y P Ø O
D Y U K O C E E D U Y N N V B B
K P Q N O B W D C P G N D S F H
R W X G B O C L R J N I T C S B
Ø U F K I K I A T Ø R K Y P U L
L S Y X Z S D K C K Q S Z H N Ø
L I U I K X E S P F R M N I D D
E Y S T I V F Y E E F E K L T Z
R X I D V D O Q W H L D E Z J S
```

SKALDET	GRÅ
SORT	SUND
BLOND	LANG
FLETTET	SKINNENDE
FLETNINGER	KORT
BRUN	BLØD
FARVET	TYK
KRØLLER	TYND
KRØLLET	BØLGET
TØR	HVID

82 - Garden

```
L S M U J A Y J B P B W V V K G
T J T E R R A S S E N G C Y K F
A R S W H E G N L V T R B Q Z T
O X A R F M D R H A R X D O Y Y
V Z K M A D A E Y H C B W S W M
C E O N P S L A N G E T R Æ O C
W V R G O O X R P L N U G Y W U
V A N A E K L C J S Æ R G I B K
I H G R N T B I G O L V O K S M
N T H M A D O K N J P V X T A Z
S G N G L R A E U K S U B W M Q
T U L N A R I V E Q Æ A D F J J
O R T D U R K U X D R M T R J A
K F B Æ N K A H Æ N G E K Ø J E
I D N K Q K V G P Z C O U K L E
B I N D I Z F M E B L O M S T H
```

BÆNK	FRUGTHAVE
BUSK	DAM
HEGN	VERANDA
BLOMST	RIVE
GARAGE	SKOVL
HAVE	TERRASSE
GRÆS	TRAMPOLIN
HÆNGEKØJE	TRÆ
SLANGE	VINSTOK
GRÆSPLÆNE	UKRUDT

83 - Diplomacy

```
A  K  H  R  U  H  O  Z  K  I  T  I  L  O  P  S
K  M  A  O  M  E  Q  U  O  Z  G  A  I  U  F  A
R  V  B  M  P  K  Z  G  N  I  R  E  G  E  R  M
B  E  Y  A  X  N  U  H  F  A  E  Q  G  Z  E  A
K  D  T  H  S  H  P  W  L  Y  S  U  S  I  B  R
H  I  U  F  M  S  Y  N  I  S  Y  Y  V  O  I  B
U  P  D  G  Æ  X  A  U  K  Z  K  J  R  E  M  E
M  L  E  B  T  R  C  D  T  A  C  W  Ø  N  W  J
A  O  N  O  R  E  D  R  E  V  I  G  D  Å  R  D
N  M  L  R  A  Z  B  I  P  C  V  E  A  H  U  E
I  A  A  G  K  C  N  S  G  N  I  N  S  Ø  L  V
T  T  N  E  T  F  D  E  R  H  C  Q  S  E  G  O
Æ  I  D  R  A  L  U  Y  T  E  E  B  A  S  M  M
R  S  S  E  T  F  C  D  S  I  I  D  B  M  P  L
R  K  K  Q  H  S  W  M  N  I  K  D  M  C  U  H
I  N  T  E  G  R  I  T  E  T  V  U  A  N  K  F
```

RÅDGIVER	UDENLANDSK
AMBASSADØR	REGERING
BORGERE	HUMANITÆR
CIVIC	INTEGRITET
KONFLIKT	RETFÆRDIGHED
SAMARBEJDE	POLITIK
DIPLOMATISK	LØSNING
AMBASSADE	TRAKTAT
ETIK	

84 - Countries #1

```
S T P H H M R H K N E T P Y G E
E H R T C Z I S R A E L O O X G
N E Y B I L Z C P L R M L C U R
E E J E U N R R B E M I E Z L O
G Q C O J J Q P H U O H N I S N
A M A R O K K O M Z O F R C Z B
L R T L V N M U N E I N A P S P
G U Y E T J I Y D N A L N I F A
Y M S T C M V D H E U M P J W I
E Æ K L P A W Y D V G M A T V Z
K N L A O N N E I L A T I N A V
O I A N L T U A M F R R R P A L
E E N D E E L J D B A Z A U G P
Q N D R T I J P V A C D U H C C
V B N Y Y V N E I L I S A R B K
D O V J C S Y F I U N V U L I I
```

BRASILIEN	MAROKKO
CANADA	NICARAGUA
EGYPTEN	NORGE
FINLAND	PANAMA
TYSKLAND	POLEN
IRAK	RUMÆNIEN
ISRAEL	SENEGAL
ITALIEN	SPANIEN
LETLAND	VENEZUELA
LIBYEN	VIETNAM

85 - Adjectives #1

```
S  I  A  A  Q  C  Y  K  G  H  K  E  B  R  T  R
X  S  Q  R  M  G  L  A  D  B  C  K  R  P  I  V
P  Z  T  N  O  B  Q  Y  N  H  F  S  K  Z  L  P
Q  S  Z  X  W  M  I  G  Y  A  M  O  M  U  T  Y
F  L  D  I  F  J  A  T  T  H  Ø  T  M  I  R  H
W  G  H  L  F  A  S  T  I  P  R  I  A  S  Æ  Y
G  E  N  E  R  Ø  S  U  I  Ø  K  S  G  I  K  M
I  N  D  M  X  Q  B  L  Q  S  S  K  C  E  K  O
L  V  D  O  P  J  P  O  F  E  K  U  M  S  E  D
R  P  T  S  A  M  Z  S  R  G  I  T  T  Y  N  E
O  V  I  G  T  I  G  B  P  I  N  D  T  P  D  R
V  C  Z  N  Y  J  C  A  C  L  A  U  V  H  E  N
L  I  L  A  J  U  U  G  X  R  M  Y  T  X  I  E
A  Q  D  L  U  F  I  D  R  Æ  V  M  R  P  A  Z
D  D  R  K  U  N  S  T  N  E  R  I  S  K  B  A
W  U  F  R  Z  I  D  E  N  T  I  S  K  G  D  Q
```

ABSOLUT	TUNG
AMBITIØS	NYTTIG
AROMATISK	ÆRLIG
KUNSTNERISK	IDENTISK
TILTRÆKKENDE	VIGTIG
SMUK	MODERNE
MØRK	ALVORLIG
EKSOTISK	LANGSOM
GENERØS	TYND
GLAD	VÆRDIFULD

86 - Global Warming

```
Z K G H A Q G Q Z Q X J M F U J
N Q B R E R U T A R E P M E T K
K L I M A X K N G V V I D D I P
Z J C O H R Y T N J Y I U K N H
J A C S U G G N I N V I G V O L
N H S R W R R U R S Q G N K D Æ
L E V E S T E D E R K A I R A N
C Z N C F W V L G Z U S L I T D
V W W D D I T M E R F O K S A R
L A N O I T A N R E T N I E X I
A M I L J Ø M Æ S S I G V H E N
I N D U S T R I N X R V D Q N G
Z O J Z H V Y U K U W K U Y E E
F E G E N E R A T I O N E R R R
O P M Æ R K S O M H E D R U G U
D B E F O L K N I N G E R D I G
```

ARKTISK	GAS
OPMÆRKSOMHED	GENERATIONER
ÆNDRINGER	REGERING
KLIMA	LEVESTEDER
KRISE	INDUSTRI
DATA	INTERNATIONAL
UDVIKLING	LOVGIVNING
ENERGI	NU
MILJØMÆSSIG	BEFOLKNINGER
FREMTID	TEMPERATURER

87 - Landscapes

```
I  O  E  X  N  I  X  E  A  R  D  N  U  T  I  Y
H  U  L  E  K  K  A  B  K  E  N  A  R  I  S  O
H  S  U  L  B  X  P  M  U  S  A  G  L  H  B  M
H  C  Y  Q  M  S  M  W  Q  J  R  F  O  A  J  J
E  T  W  U  H  X  B  Q  H  E  T  F  Ø  L  E  N
R  K  A  J  L  U  N  N  S  G  S  L  Q  V  R  H
P  B  D  G  W  V  G  R  E  J  B  O  T  Ø  G  F
S  C  Z  R  N  A  K  L  U  V  B  D  R  D  G  S
W  V  U  V  E  H  D  U  E  T  Y  O  X  F  Z  H
L  D  A  X  K  E  X  Ø  S  T  R  H  N  H  U  K
P  C  R  W  R  N  F  V  A  E  S  E  N  E  O  J
W  S  F  B  Ø  L  T  D  O  B  K  J  L  R  O  G
Y  C  L  W  T  F  B  A  T  V  S  B  E  Y  C  G
M  G  J  M  C  P  C  I  E  P  Y  U  O  R  E  G
V  A  N  D  F  A  L  D  M  N  C  L  A  S  A  D
P  S  C  I  O  S  O  F  U  W  Z  Y  C  U  N  T
```

STRAND	OCEAN
HULE	HALVØ
ØRKEN	FLOD
GEJSER	HAV
GLETSJER	SUMP
BAKKE	TUNDRA
ISBJERG	DAL
SØ	VULKAN
BJERG	VANDFALD
OASE	

88 - Plants

```
Y  S  Y  K  G  Q  R  G  N  B  X  Æ  R  T  M  V
Q  X  V  U  F  S  U  Ø  S  B  O  Z  Æ  O  B  E
J  Q  F  L  O  R  A  D  P  V  I  P  B  S  D  G
K  J  G  L  C  Y  E  N  N  Ø  B  L  G  P  N  E
A  M  S  B  X  Q  K  I  N  A  T  O  B  H  E  T
H  A  V  E  A  A  L  N  S  E  S  Y  E  H  B  A
P  S  K  O  V  T  I  G  X  X  M  I  V  K  D  T
J  O  P  K  Ø  I  T  B  Y  S  O  D  C  Z  E  I
W  M  W  I  L  H  S  D  U  G  L  V  M  Y  V  O
B  A  M  B  U  S  U  G  P  S  B  V  S  I  J  N
Y  E  T  S  N  U  W  H  C  C  K  P  W  D  D  K
N  W  U  T  F  T  E  J  O  W  Z  Q  F  A  N  O
O  S  O  Z  R  K  W  P  R  G  B  S  A  H  Q  E
E  R  B  O  D  A  L  B  N  O  R  K  O  G  R  S
T  Z  Q  A  T  K  C  I  L  O  Z  Æ  I  H  H  U
E  F  T  T  K  S  T  D  F  J  U  D  S  U  D  C
```

BAMBUS	SKOV
BØNNE	HAVE
BÆR	GRÆS
BOTANIK	VEDBEND
BUSK	MOS
KAKTUS	KRONBLAD
GØDNING	ROD
FLORA	STILK
BLOMST	TRÆ
LØV	VEGETATION

89 - Countries #2

```
J H A I L A M O S O A L L Q U E
A B A L K K S P R O B M I L E T
M U A I B U N B Y Z J P B U R I
A A Y L T A Z Z P S C P A M Z O
I H R E P I N E I R Y S N T F P
C E V E G O C I X E M M O Q M I
A N V N H T L F E E C V N F W E
C E J I I K E Z G N S U D A N N
H P A A G G L I B E R I A T K M
Z A P R Y S E P A K I S T A N N
I L A K N J K R A M N A D N D I
N V N U T S R R I Y J W K K T N
H E V T V V J U P A D N A G U E
G R Æ K E N L A N D N A L S U R
F N N Z O H E H Q B H L T W B H
W B J T A C Y H K I W M S V Y N
```

ALBANIEN	MEXICO
DANMARK	NEPAL
ETIOPIEN	NIGERIA
GRÆKENLAND	PAKISTAN
HAITI	RUSLAND
JAMAICA	SOMALIA
JAPAN	SUDAN
LAOS	SYRIEN
LIBANON	UGANDA
LIBERIA	UKRAINE

90 - Ecology

```
M V E G E T A T I O N M S V D B
F A R O L F Y H E Q T U O K L Æ
X U R E C R U O S S E R F S G R
O Y I I R A T R A R T R A T E E
M G F I N T Ø K W U H X U K S D
N A T U R E R G A W D A N V L Y
G E Z C M W K L N P S B A Q E G
Y D U E H O E O R M G X T U V T
H K L I M A A B U C I W J G E I
P A U M T C L A E I V U M A L G
L C B F R V V L B J E R G E R M
A B B I F C N A T U R L I G E S
N C L P T P G Z H K Y N F I V Q
T L J M V A W P F L W N F D O N
E X L W R P T I I C K H Q P Y E
R E B A K S S E L L Æ F J O H L
```

KLIMA	BJERGE
FÆLLESSKABER	NATURLIG
TØRKE	NATUR
FAUNA	PLANTER
FLORA	RESSOURCER
GLOBAL	ART
HABITAT	OVERLEVELSE
MARINE	BÆREDYGTIG
MOSE	VEGETATION

91 - Adjectives #2

```
G E X F X P S T C G X F G Q T V
I L Q N N V U T Z I S A L T E T
F E S R W J N M Æ L N N S V G D
T G Z F M A V Ø I R Ø T F X I K
E A A C S L X R C A K Z S R L C
T N S U H A D E F V I T A E R K
N T U R T K Q B R S H E D N U S
A O N I E E H Z S N K P B Y T U
S U D F K A N O O A D T S G A L
S Z L F J U Y T Z I K V A N N T
E Ø I V C I J L I N R B F M W E
R F V D F I Z O N S C O M W H N
E Q L N Z X K T N G K D U H X P
T P L P I B E S K R I V E N D E
N Z M N M G P R O D U K T I V X
I D C G N T I L X S Q P Q A X C
```

AUTENTISK	INTERESSANT
KREATIV	NATURLIG
BESKRIVENDE	NY
TØR	PRODUKTIV
ELEGANT	STOLT
BERØMT	ANSVARLIG
GIFTET	SALTET
SUND	SØVNIG
HED	STÆRK
SULTEN	VILD

92 - Psychology

```
K O G N I T I O N A E P U T S B
U Q H S R M Y G L A E E N E X E
A F T A L E M M Ø R D R D R D V
S O S R E L K T R A E S E A P I
A S E J M B C N L D H O R P S D
S B N M B O G E A N G N B I O S
I Q S L D R L X V T I L E I P T
N U A J N P R L E K L I V V F L
T H T K J J E A K I E G I F A Ø
E Z I A D F Æ R D L K H D M T S
X M O D N R A B T F R E S P T Q
V I N R Y U E J R N I D T S E X
V L U A Z Y A E M O V G R V L E
W L Q Q S Z G Z D K X C C R S U
V U R D E R I N G I E M V N E N
F Ø L E L S E R K L I N I S K G
```

AFTALE	IDEER
VURDERING	OPFATTELSE
ADFÆRD	PERSONLIGHED
BARNDOM	PROBLEM
KLINISK	VIRKELIGHED
KOGNITION	SENSATION
KONFLIKT	UNDERBEVIDST
DRØMME	TERAPI
EGO	TANKER
FØLELSER	BEVIDSTLØS

93 - Math

```
U Q Z U I L W R S P H F R E G V
P Q R S R U I L U L X K E K Q I
O L D K T R F G M A V G K S R N
G E O M E T R I N M L C T P E K
L L Y F M N W J C I L F A O T L
R L E T M A L H S C N H N N E E
T A N A Y K M D E E Q G G E M R
M R T G S R G R A D E R E N A N
R A O H P I L S U N T X L T I U
Y P P E V F Z V V O M K R E D S
P A R A L L E L O G R A M L W U
A R I T M E T I K Y C C W S P I
E I B R Ø K I I K L J S H S P D
D I V I S I O N Y O Q I T F D A
T R E K A N T Y G P B J C K Y R
I F A O L I V I R V I I H R B K
```

VINKLER	GEOMETRI
ARITMETIK	PARALLEL
OMKREDS	PARALLELOGRAM
DECIMAL	POLYGON
GRADER	RADIUS
DIAMETER	REKTANGEL
DIVISION	FIRKANT
LIGNING	SUM
EKSPONENT	SYMMETRI
BRØK	TREKANT

94 - Activities

```
S Y W V B K D W V A I R D Q J V
V Y G R U D J Y K F N V Q N L A
E B N U C B L F E S T S N U K N
D K C I C U N R R L E H O Y T D
J B E R N K G I A A R Å J D D R
E O U E G Y T M P E N A Q E I
B Z T K C S O I I N S D G M H N
R V Y S N N L D K I S V T A G G
A K T I V I T E T N E Æ K G I W
E H N F H X U X J G R R N I D I
V V M I N G S P T Ø M K B R R L
A V F U U X I D G G N I N S Æ L
H X X R X G M A O P O R E N F I
M D V L F S O N F B B G O T D P
C A M P I N G S J Z G U Q F S S
F O T O G R A F E R I N G B W L
```

AKTIVITET	JAGT
KUNST	INTERESSER
CAMPING	FRITID
KERAMIK	MAGI
HÅNDVÆRK	FOTOGRAFERING
DANS	FORNØJELSE
FISKERI	LÆSNING
SPIL	AFSLAPNING
HAVEARBEJDE	SYNING
VANDRING	FÆRDIGHED

95 - Business

```
A  R  E  D  J  E  B  R  A  D  E  M  F  U  S  C
R  E  U  I  G  O  X  U  V  Q  E  C  I  X  K  C
B  G  E  U  Z  V  Y  G  D  A  M  W  R  G  A  T
E  A  R  T  O  P  B  S  P  G  L  T  M  Q  T  X
J  N  E  S  R  E  R  A  V  S  E  U  A  J  T  M
D  A  I  M  O  N  O  K  Ø  H  A  T  T  Y  E  D
S  M  S  O  V  G  B  I  C  U  S  L  P  A  R  T
G  S  N  K  S  E  Q  R  H  U  R  B  G  P  T  H
I  X  A  D  N  T  Z  B  E  S  J  U  A  F  E  U
V  P  N  N  X  S  A  A  E  Q  U  T  A  B  A  R
E  K  I  I  O  O  F  F  E  R  E  I  R  R  A  K
R  M  F  Z  A  K  Y  W  Q  X  S  K  X  V  U  Q
I  N  V  E  S  T  E  R  I  N  G  O  Y  G  Y  Q
D  F  Z  H  L  L  S  U  A  E  D  P  W  J  J  B
O  U  D  Y  S  W  P  B  I  I  G  G  Q  S  K  L
N  W  C  H  U  I  L  M  R  K  K  O  N  T  O  R
```

BUDGET	FINANSIERE
KARRIERE	INDKOMST
FIRMA	INVESTERING
KOSTE	MANAGER
VALUTA	VARER
RABAT	PENGE
ØKONOMI	KONTOR
MEDARBEJDER	SALG
ARBEJDSGIVER	BUTIK
FABRIK	SKATTER

96 - The Company

```
I  N  J  R  T  J  N  T  R  V  T  P  R  G  A  P
G  N  I  N  T  U  L  S  E  B  E  R  I  X  U  R
F  J  N  E  U  C  Q  W  D  D  N  O  S  G  L  Æ
O  L  V  O  P  P  U  B  E  R  D  F  I  K  B  S
R  A  K  X  V  L  P  J  H  E  E  E  C  V  E  E
R  D  N  Y  P  A  U  T  N  C  N  S  I  A  S  N
E  M  I  P  O  B  T  D  E  R  S  S  X  L  K  T
T  Q  R  G  J  O  K  I  J  U  E  I  R  I  Æ  A
N  G  I  Y  A  L  U  R  V  O  R  O  C  T  F  T
I  Y  R  J  W  G  D  K  V  S  J  N  S  E  T  I
N  T  T  U  Z  B  O  S  R  S  T  E  I  T  I  O
G  D  S  B  I  M  R  M  P  E  N  L  R  R  G  N
F  Y  U  V  B  O  P  E  O  R  A  J  Q  F  E  T
I  N  D  T  Æ  G  T  R  E  F  E  T  X  T  L  W
S  V  N  I  U  B  D  F  E  B  L  O  I  N  S  O
C  R  I  M  U  L  I  G  H  E  D  N  K  V  E  Z
```

FORRETNING	PROFESSIONEL
KREATIV	FREMSKRIDT
BESLUTNING	KVALITET
BESKÆFTIGELSE	RY
GLOBAL	RESSOURCER
INDUSTRI	INDTÆGT
INNOVATIV	RISICI
MULIGHED	TENDENSER
PRÆSENTATION	ENHEDER
PRODUKT	

97 - Literature

```
O  S  A  M  E  T  R  E  L  L  Æ  T  R  O  F  A
T  A  C  N  K  D  R  O  I  S  L  G  F  M  M  N
Y  M  M  O  A  Z  F  W  M  I  R  I  D  C  D  A
D  M  E  I  V  L  P  U  P  A  O  D  Y  L  O  L
F  E  T  T  X  I  Y  E  O  O  N  D  U  E  I  O
O  N  A  K  X  T  S  S  N  Z  F  O  A  B  Y  G
R  L  F  I  A  S  H  H  E  A  O  Q  L  Q  D  I
F  I  O  F  W  G  P  B  I  O  G  R  A  F  I  Q
A  G  R  B  E  S  K  R  I  V  E  L  S  E  M  B
T  N  O  U  N  B  R  Y  S  O  A  O  R  R  T  W
T  I  Q  L  S  Z  R  P  T  H  O  N  Y  I  O  I
E  N  M  T  A  Y  W  Y  Y  K  S  I  T  E  O  P
R  G  U  W  E  I  D  E  G  A  R  T  M  C  B  V
E  K  F  Y  M  C  D  R  O  F  L  Z  E  O  P  F
D  T  C  G  S  P  B  L  A  N  E  K  D  O  T  E
K  O  N  K  L  U  S  I  O  N  S  I  J  O  O  E
```

ANALOGI

ANALYSE

ANEKDOTE

FORFATTER

BIOGRAFI

SAMMENLIGNING

KONKLUSION

BESKRIVELSE

DIALOG

FIKTION

METAFOR

FORTÆLLER

ROMAN

DIGT

POETISK

RIM

RYTME

STIL

TEMA

TRAGEDIE

98 - Geography

```
G A M S L W O G O D M J T R I A
O R P E D J Ø H A T L A S U F E
F J A C R T E R R I T O R I U M
V L X W K I S Q R W D H R W C R
E E O Y O J D B J E R G E B Y Z
R L P D R O N I S U K E G T D C
D U Y N T S E V A P O Z I T C F
E X B A W P E U W N N E O H M S
N O E L I E L J N Y T Q N J N V
B R E D D E G R A D I C L Z U I
N J O K Y I U A E R N C N G O E
D Z W G Y S K M C E E H X N K K
A G C J K P V C O O N E V R C R
R V Ø S P W L O Y Z T F G U G O
G P J M C W A B B A J U J V K I
A A P D J W H G T B V H A V Q L
```

HØJDE
ATLAS
BY
KONTINENT
LAND
HALVKUGLE
BREDDEGRAD
KORT
MERIDIAN
BJERG

NORD
OCEAN
REGION
FLOD
HAV
SYD
TERRITORIUM
VEST
VERDEN

99 - Jazz

```
S G T U N F N S X S U D G K W V
A X X K N R C U T K I N K E T C
M H Y C M B P Z G I G A M M E L
M B I F A L D Y Æ S L W Z F J O
E J I L N G N B V U Y G Z U Y Y
N M W A S O S R S M B E R Ø M T
S T T R E C N O K I L W I M J D
Æ A A Y N L Z T S I N O P M O K
T L K L R S H R E T I R O V A F
N B U H E C R O I O G W A Q I G
I U N K T N X M R H Y N Z M E G
N M S I S V T M F T V D T B Y A
G Q T X E H P E F G Y M I U D S
N R N O K S T R B Y X V J B P T
A P E T R Y K S Q Q P K T D V G
S I R N O I T A S I V O R P M I
```

ALBUM
BIFALD
KUNSTNER
KOMPONIST
SAMMENSÆTNING
KONCERT
TROMMER
VÆGT
BERØMT
FAVORITER

IMPROVISATION
MUSIK
NY
GAMMEL
ORKESTER
RYTME
SANG
STIL
TALENT
TEKNIK

100 - Vacation #2

```
P  L  S  Y  S  J  T  R  O  K  S  A  F  P  B  Q
E  U  T  Y  G  I  R  M  V  H  A  J  J  A  N  Y
L  F  R  H  I  D  A  N  Z  N  U  G  P  F  V  M
I  T  A  P  M  F  N  X  H  U  Z  I  Q  M  U  C
T  H  N  A  X  Q  S  V  A  Ø  B  I  W  M  W  Q
C  A  D  R  D  E  P  G  M  T  T  U  H  U  Y  W
A  V  A  H  A  N  O  I  T  A  N  I  T  S  E  D
I  N  O  T  C  C  R  G  J  O  E  B  P  I  C  M
Q  D  X  C  L  T  T  R  V  P  C  J  T  V  T  Y
T  C  G  L  A  E  T  U  W  C  T  E  W  J  O  V
F  K  R  Q  S  L  E  T  O  H  C  R  S  V  G  A
I  R  C  Z  H  T  U  E  S  Y  N  G  U  J  B  U
G  N  I  D  N  Æ  L  D  U  A  Q  E  I  R  E  F
W  W  Y  T  U  D  E  N  L  A  N  D  S  K  U  R
J  L  G  N  I  W  V  Q  U  J  V  P  A  S  E  D
F  K  K  K  J  D  C  A  M  P  I  N  G  X  P  Z
```

LUFTHAVN	KORT
STRAND	BJERGE
CAMPING	PAS
DESTINATION	HAV
UDENLANDSK	TAXA
UDLÆNDING	TELT
FERIE	TOG
HOTEL	TRANSPORT
REJSE	VISUM
FRITID	

1 - Antiques

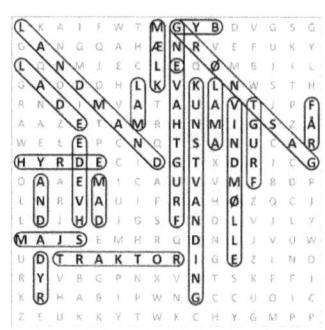

2 - Food #1

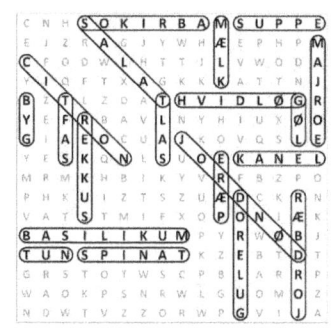

3 - Measurements

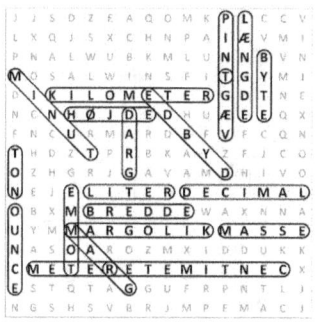

4 - Farm #2

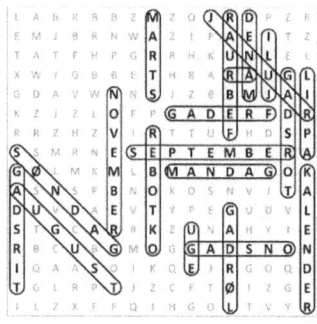

5 - Books

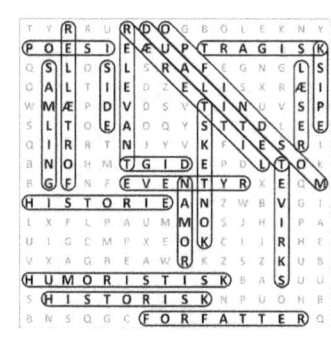

6 - Meditation

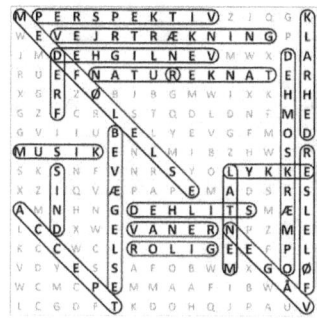

7 - Days and Months

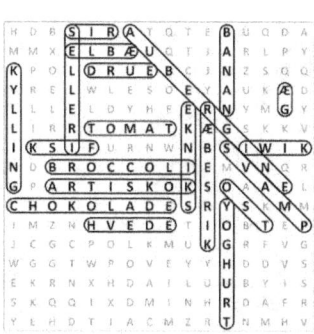

8 - Energy

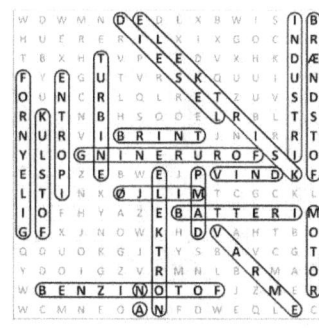

9 - Archeology

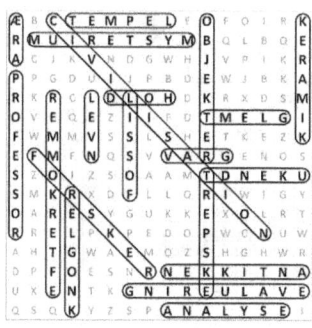

10 - Food #2

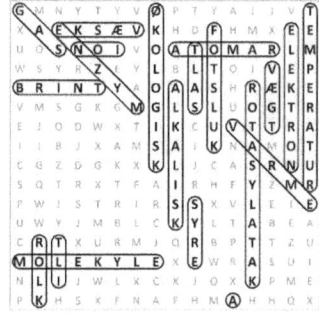

11 - Chemistry

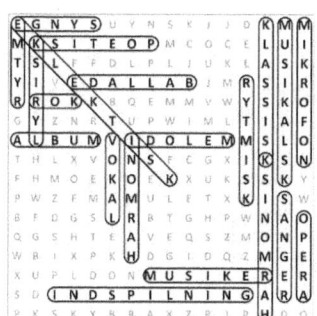

12 - Music

13 - Family

14 - Farm #1

15 - Camping

16 - Conservation

17 - Algebra

18 - Numbers

19 - Spices

20 - Universe

21 - Mammals

22 - Bees

23 - Photography

24 - Adventure

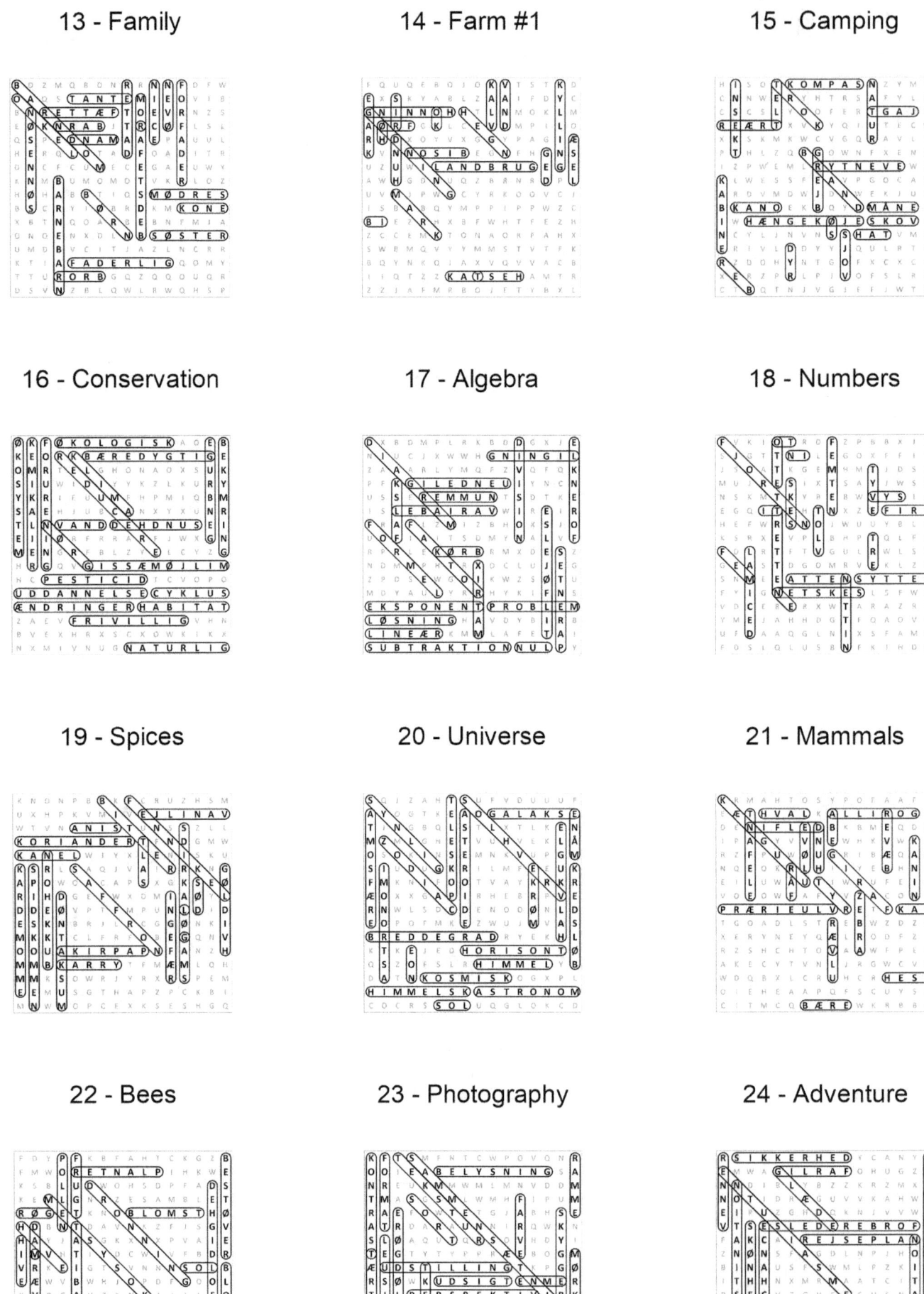

25 - Restaurant #2

26 - Geology

27 - House

28 - Physics

29 - Colors

30 - Shapes

31 - Scientific Disciplines

32 - Science

33 - Beauty

34 - Clothes

35 - Astronomy

36 - Health and Wellness #2

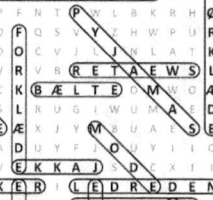
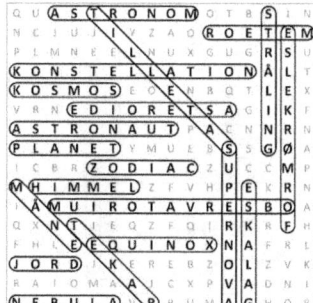
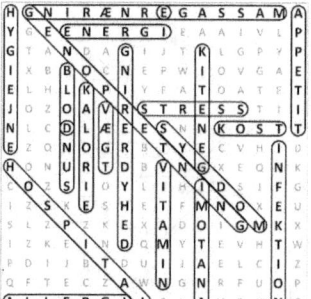

37 - Disease

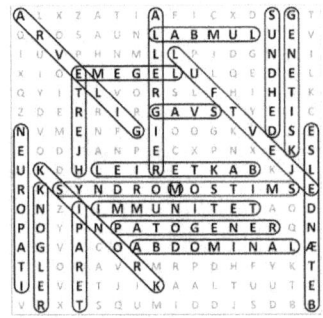

38 - Time

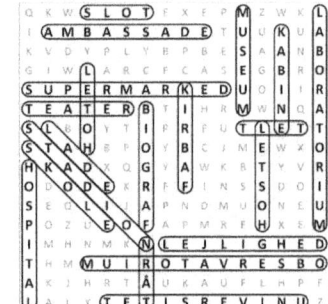

39 - Buildings

40 - Philanthropy

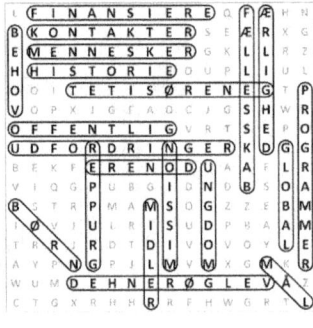

41 - Gardening

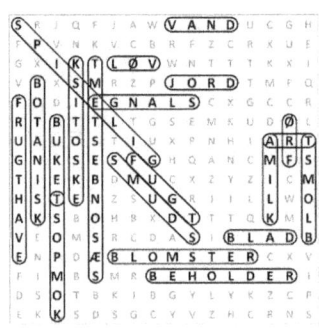

42 - Herbalism

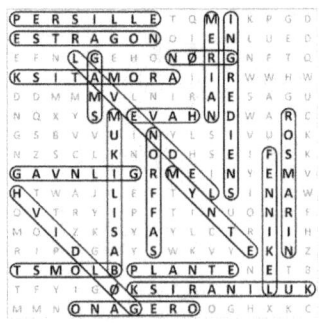

43 - Vehicles

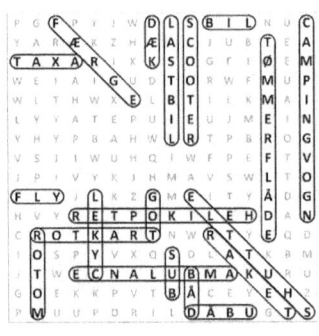

44 - Flowers

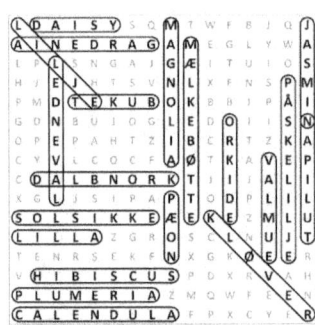

45 - Health and Wellness #1

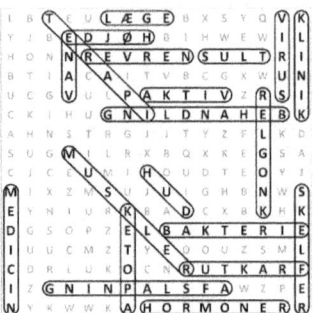

46 - Town

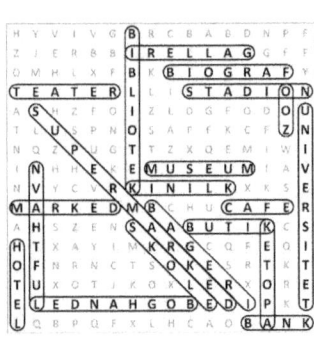

47 - Antarctica

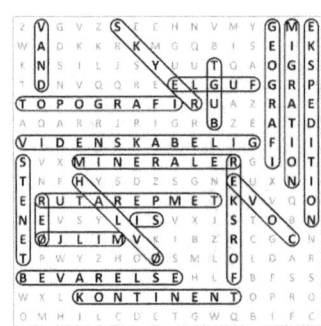

48 - Ballet

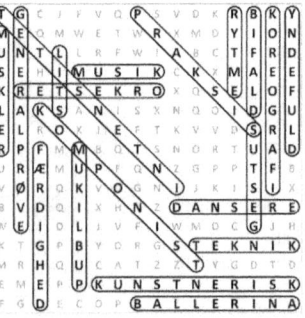

49 - Fashion

50 - Human Body

51 - Musical Instruments

52 - Fruit

53 - Virtues #1

54 - Engineering

55 - Kitchen

56 - Government

57 - Art Supplies

58 - Science Fiction

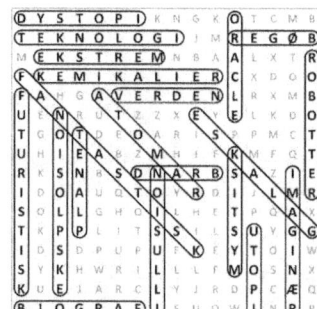

59 - Geometry

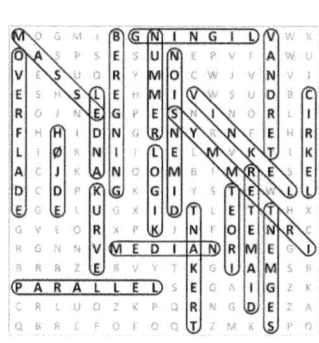

60 - Creativity

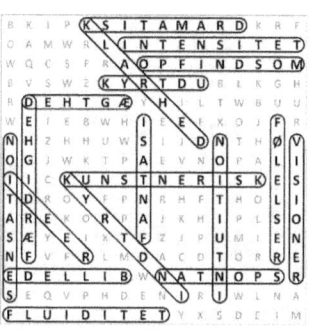

61 - Airplanes

62 - Ocean

63 - Force and Gravity

64 - Birds

65 - Art

66 - Nutrition

67 - Hiking

68 - Professions #1

69 - Barbecues

70 - Chocolate

71 - Vegetables

72 - The Media

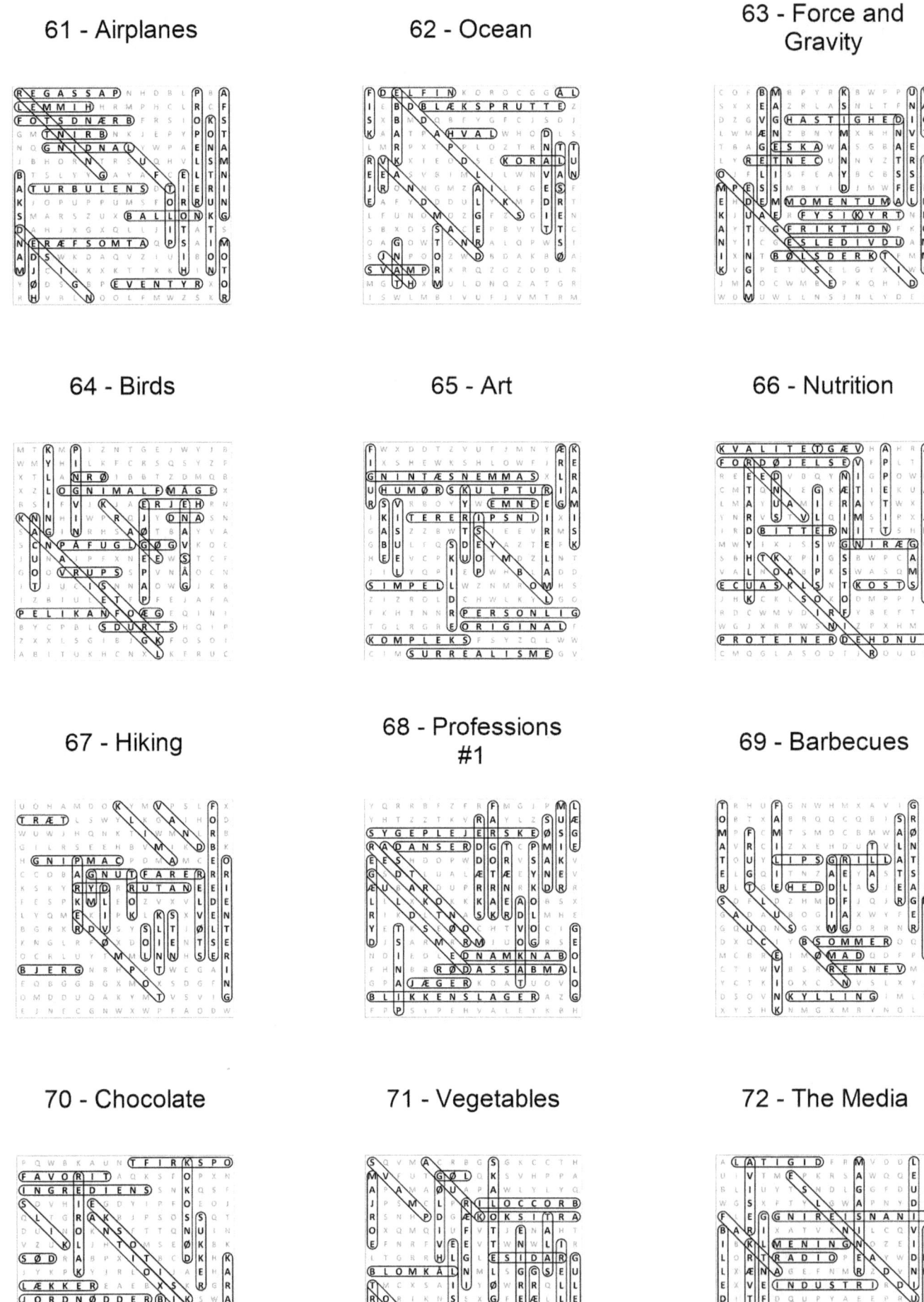

73 - Boats

74 - Activities and Leisure

75 - Driving

76 - Biology

77 - Professions #2

78 - Emotions

79 - Mythology

80 - Agronomy

81 - Hair Types

82 - Garden

83 - Diplomacy

84 - Countries #1

85 - Adjectives #1

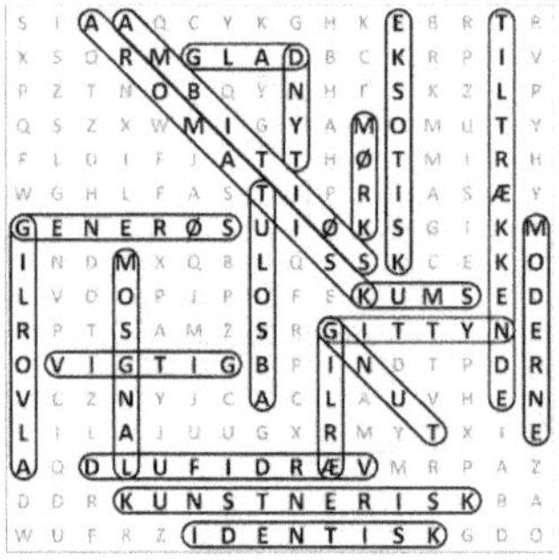

86 - Global Warming

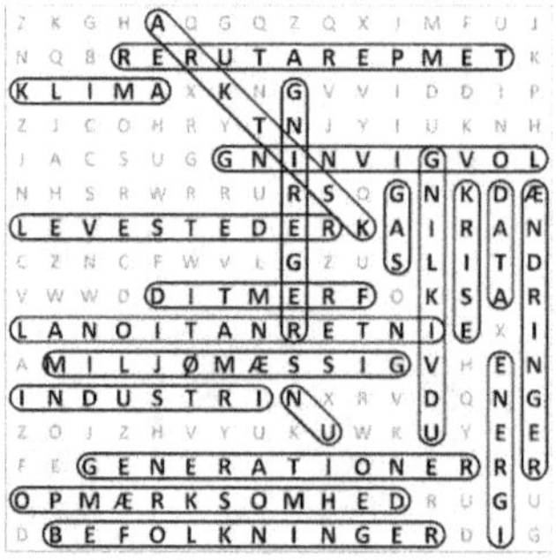

87 - Landscapes

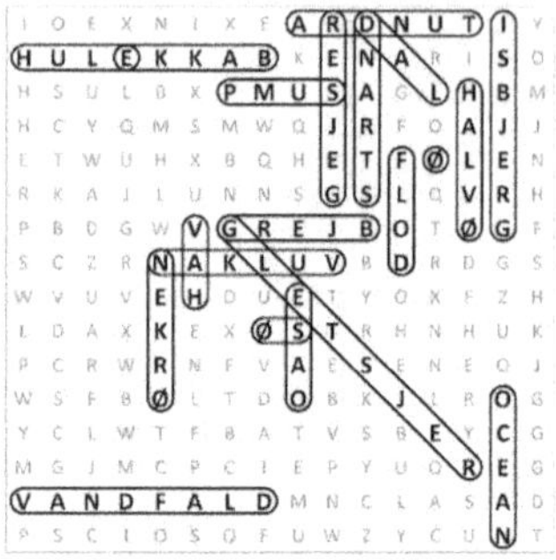

88 - Plants

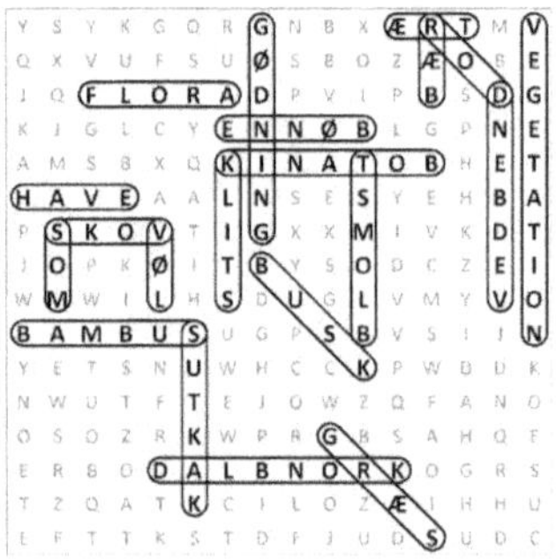

89 - Countries #2

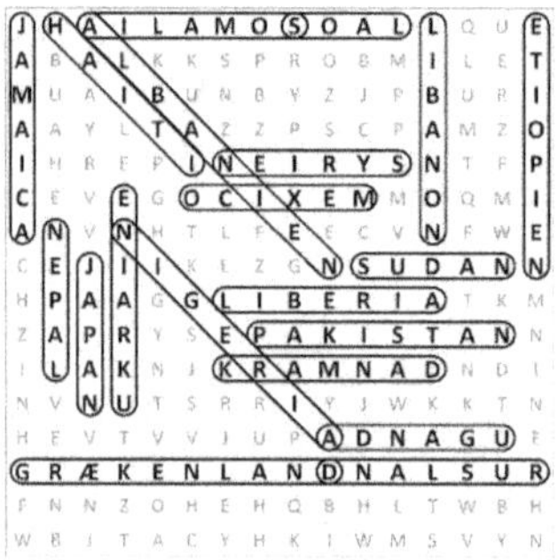

90 - Ecology

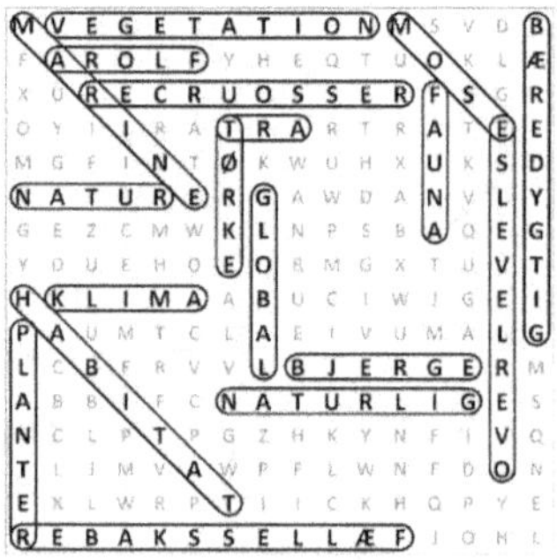

91 - Adjectives #2

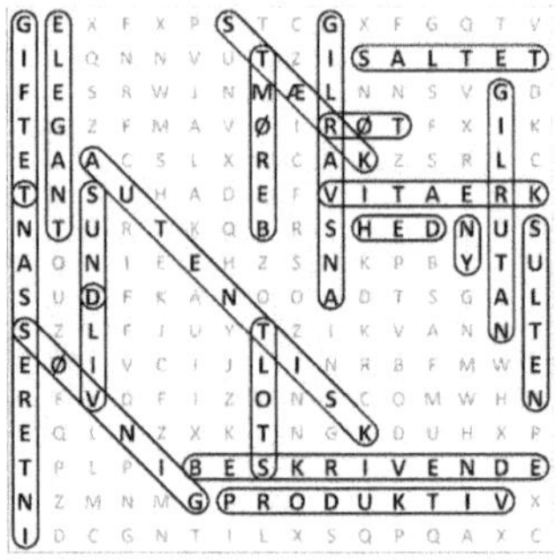

92 - Psychology

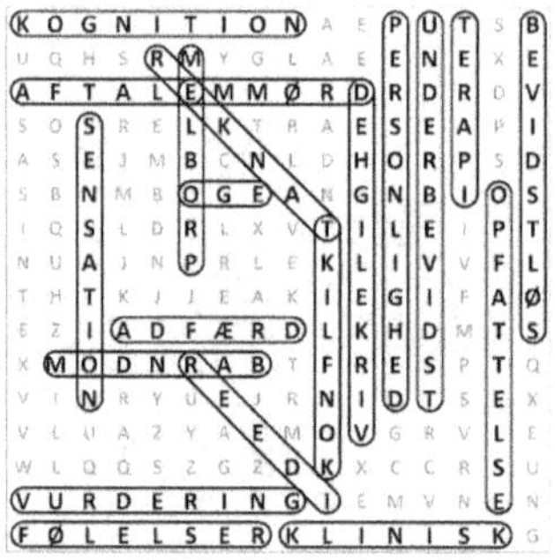

93 - Math

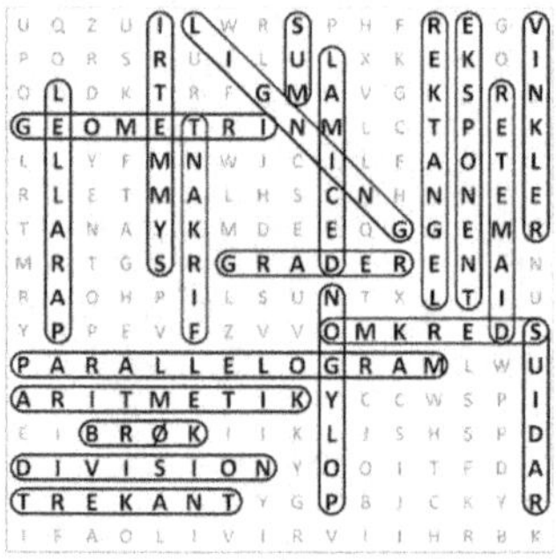

94 - Activities

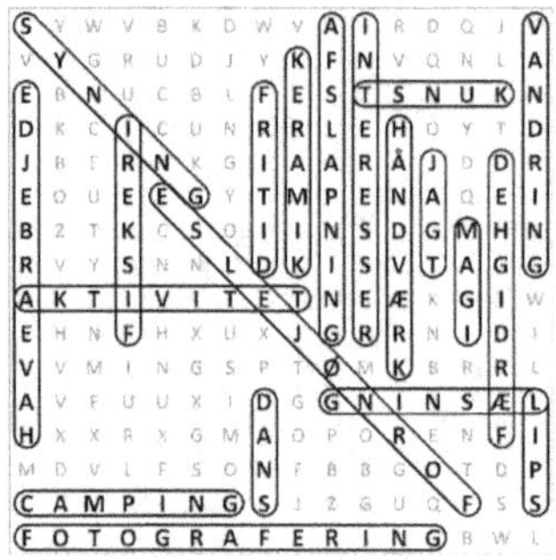

95 - Business

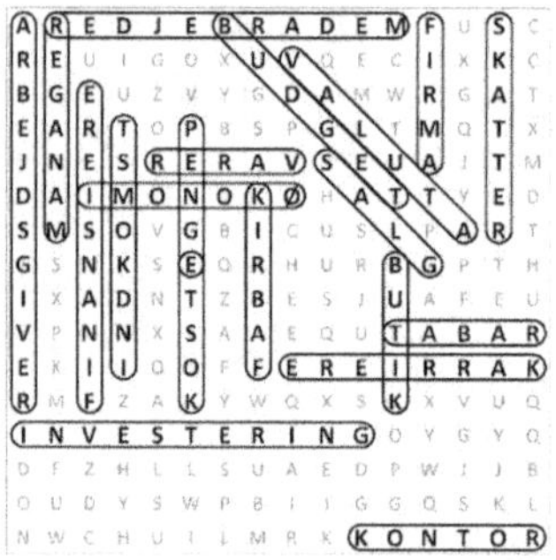

96 - The Company

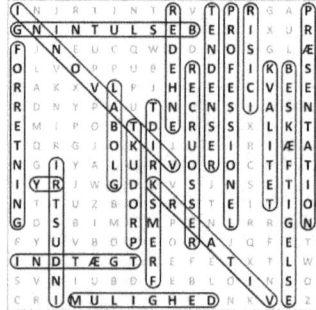

97 - Literature

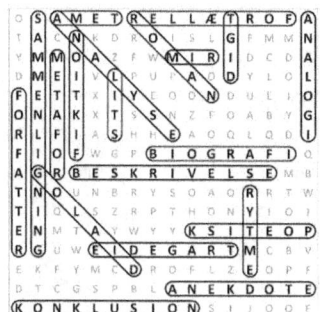

98 - Geography

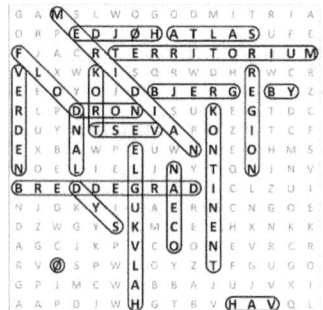

99 - Jazz

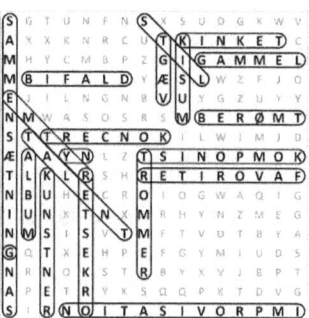

100 - Vacation #2

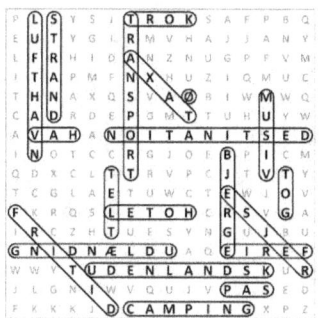

Dictionary

Activities
Aktiviteter

Activity	Aktivitet
Art	Kunst
Camping	Camping
Ceramics	Keramik
Crafts	Håndværk
Dancing	Dans
Fishing	Fiskeri
Games	Spil
Gardening	Havearbejde
Hiking	Vandring
Hunting	Jagt
Interests	Interesser
Leisure	Fritid
Magic	Magi
Photography	Fotografering
Pleasure	Fornøjelse
Reading	Læsning
Relaxation	Afslapning
Sewing	Syning
Skill	Færdighed

Activities and Leisure
Aktiviteter og Fritid

Art	Kunst
Baseball	Baseball
Basketball	Basketball
Boxing	Boksning
Camping	Camping
Diving	Dykning
Fishing	Fiskeri
Gardening	Havearbejde
Golf	Golf
Hiking	Vandring
Painting	Maleri
Racing	Racing
Relaxing	Afslappende
Shopping	Shopping
Soccer	Fodbold
Surfing	Surfing
Swimming	Svømning
Tennis	Tennis
Travel	Rejse
Volleyball	Volleyball

Adjectives #1
Tillægsord #1

Absolute	Absolut
Ambitious	Ambitiøs
Aromatic	Aromatisk
Artistic	Kunstnerisk
Attractive	Tiltrækkende
Beautiful	Smuk
Dark	Mørk
Exotic	Eksotisk
Generous	Generøs
Happy	Glad
Heavy	Tung
Helpful	Nyttig
Honest	Ærlig
Identical	Identisk
Important	Vigtig
Modern	Moderne
Serious	Alvorlig
Slow	Langsom
Thin	Tynd
Valuable	Værdifuld

Adjectives #2
Tillægsord #2

Authentic	Autentisk
Creative	Kreativ
Descriptive	Beskrivende
Dry	Tør
Elegant	Elegant
Famous	Berømt
Gifted	Giftet
Healthy	Sund
Hot	Hed
Hungry	Sulten
Interesting	Interessant
Natural	Naturlig
New	Ny
Productive	Produktiv
Proud	Stolt
Responsible	Ansvarlig
Salty	Saltet
Sleepy	Søvnig
Strong	Stærk
Wild	Vild

Adventure
Eventyr

Activity	Aktivitet
Beauty	Skønhed
Bravery	Tapperhed
Challenges	Udfordringer
Chance	Chance
Dangerous	Farlig
Destination	Destination
Difficulty	Vanskelighed
Enthusiasm	Entusiasme
Excursion	Udflugt
Friends	Venner
Itinerary	Rejseplan
Joy	Glæde
Nature	Natur
Navigation	Navigation
New	Ny
Opportunity	Mulighed
Preparation	Forberedelse
Safety	Sikkerhed
Unusual	Usædvanlig

Agronomy
Agronomi

Agriculture	Landbrug
Diseases	Sygdomme
Ecology	Økologi
Energy	Energi
Environment	Miljø
Erosion	Erosion
Fertilizer	Gødning
Food	Mad
Growth	Vækst
Organic	Økologisk
Plants	Planter
Pollution	Forurening
Production	Produktion
Rural	Rural
Science	Videnskab
Seeds	Frø
Study	Undersøgelse
Systems	Systemer
Vegetables	Grøntsager
Water	Vand

Airplanes
Fly

Adventure	Eventyr
Air	Luft
Atmosphere	Atmosfære
Balloon	Ballon
Construction	Konstruktion
Crew	Mandskab
Descent	Afstamning
Design	Design
Direction	Retning
Engine	Motor
Fuel	Brændstof
Height	Højde
History	Historie
Hydrogen	Brint
Landing	Landing
Passenger	Passager
Pilot	Pilot
Propellers	Propeller
Sky	Himmel
Turbulence	Turbulens

Algebra
Algebra

Addition	Tilføjelse
Diagram	Diagram
Division	Division
Equation	Ligning
Exponent	Eksponent
Factor	Faktor
False	Falsk
Formula	Formel
Fraction	Brøk
Infinite	Uendelig
Linear	Lineær
Matrix	Matrix
Number	Nummer
Parenthesis	Parentes
Problem	Problem
Simplify	Forenkle
Solution	Løsning
Subtraction	Subtraktion
Variable	Variabel
Zero	Nul

Antarctica
Antarktis

Bay	Bugt
Birds	Fugle
Clouds	Skyer
Conservation	Bevarelse
Continent	Kontinent
Cove	Cove
Environment	Miljø
Expedition	Ekspedition
Geography	Geografi
Ice	Is
Islands	Øer
Migration	Migration
Minerals	Mineraler
Peninsula	Halvø
Researcher	Forsker
Rocky	Stenet
Scientific	Videnskabelig
Temperature	Temperatur
Topography	Topografi
Water	Vand

Antiques
Antikviteter

Art	Kunst
Auction	Auktion
Authentic	Autentisk
Century	Århundrede
Coins	Mønter
Decades	Årtier
Decorative	Dekorativ
Elegant	Elegant
Furniture	Møbler
Gallery	Galleri
Investment	Investering
Jewelry	Smykker
Old	Gammel
Price	Pris
Quality	Kvalitet
Restoration	Restaurering
Sculpture	Skulptur
Style	Stil
Unusual	Usædvanlig
Value	Værdi

Archeology
Arkæologi

Analysis	Analyse
Antiquity	Antikken
Bones	Knogler
Civilization	Civilisation
Descendant	Efterkommer
Era	Æra
Evaluation	Evaluering
Expert	Ekspert
Forgotten	Glemt
Fossil	Fossil
Mystery	Mysterium
Objects	Objekter
Pottery	Keramik
Professor	Professor
Relic	Levn
Researcher	Forsker
Team	Hold
Temple	Tempel
Tomb	Grav
Unknown	Ukendt

Art
Kunst

Ceramic	Keramisk
Complex	Kompleks
Composition	Sammensætning
Create	Skabe
Expression	Udtryk
Figure	Figur
Honest	Ærlig
Inspired	Inspireret
Mood	Humør
Original	Original
Paintings	Malerier
Personal	Personlig
Poetry	Poesi
Portray	Skildre
Sculpture	Skulptur
Simple	Simpel
Subject	Emne
Surrealism	Surrealisme
Symbol	Symbol
Visual	Visuel

Art Supplies
Kunst Forsyninger

Acrylic	Akryl
Brushes	Børster
Camera	Kamera
Chair	Stol
Charcoal	Trækul
Clay	Ler
Colors	Farver
Creativity	Kreativitet
Easel	Staffeli
Eraser	Viskelæder
Glue	Lim
Ideas	Ideer
Ink	Blæk
Oil	Olie
Paints	Maler
Paper	Papir
Pencils	Blyanter
Table	Tabel
Water	Vand
Watercolors	Akvareller

Astronomy
Astronomi

Asteroid	Asteroide
Astronaut	Astronaut
Astronomer	Astronom
Constellation	Konstellation
Cosmos	Kosmos
Earth	Jord
Eclipse	Formørkelse
Equinox	Equinox
Galaxy	Galakse
Meteor	Meteor
Moon	Måne
Nebula	Nebula
Observatory	Observatorium
Planet	Planet
Radiation	Stråling
Rocket	Raket
Satellite	Satellit
Sky	Himmel
Supernova	Supernova
Zodiac	Zodiac

Ballet
Ballet

Applause	Bifald
Artistic	Kunstnerisk
Audience	Publikum
Ballerina	Ballerina
Choreography	Koreografi
Composer	Komponist
Dancers	Dansere
Expressive	Udtryksfulde
Gesture	Gestus
Graceful	Yndefuld
Intensity	Intensitet
Muscles	Muskler
Music	Musik
Orchestra	Orkester
Practice	Praksis
Rehearsal	Generalprøve
Rhythm	Rytme
Skill	Færdighed
Style	Stil
Technique	Teknik

Barbecues
Grillninger

Chicken	Kylling
Children	Børn
Dinner	Middag
Family	Familie
Food	Mad
Forks	Gafler
Friends	Venner
Fruit	Frugt
Games	Spil
Grill	Grill
Hot	Hed
Hunger	Sult
Knives	Knive
Music	Musik
Salads	Salater
Salt	Salt
Sauce	Sauce
Summer	Sommer
Tomatoes	Tomater
Vegetables	Grøntsager

Beauty
Skønhed

Charm	Charme
Color	Farve
Cosmetics	Kosmetik
Curls	Krøller
Elegance	Elegance
Elegant	Elegant
Fragrance	Duft
Grace	Nåde
Lipstick	Læbestift
Makeup	Makeup
Mascara	Mascara
Mirror	Spejl
Oils	Olier
Photogenic	Fotogen
Products	Produkter
Scissors	Saks
Shampoo	Shampoo
Skin	Hud
Smooth	Glat
Stylist	Stylist

Bees
Bier

Beneficial	Gavnlig
Blossom	Blomst
Diversity	Mangfoldighed
Ecosystem	Økosystem
Flowers	Blomster
Food	Mad
Fruit	Frugt
Garden	Have
Habitat	Habitat
Hive	Hive
Honey	Honning
Insect	Insekt
Plants	Planter
Pollen	Pollen
Pollinator	Bestøver
Queen	Dronning
Smoke	Røg
Sun	Sol
Swarm	Sværm
Wax	Voks

Biology
Biologi

Anatomy	Anatomi
Bacteria	Bakterie
Cell	Celle
Chromosome	Kromosom
Collagen	Kollagen
Embryo	Foster
Enzyme	Enzym
Evolution	Udvikling
Hormone	Hormon
Mammal	Pattedyr
Mutation	Mutation
Natural	Naturlig
Nerve	Nerve
Neuron	Neuron
Osmosis	Osmose
Photosynthesis	Fotosyntese
Protein	Protein
Reptile	Krybdyr
Symbiosis	Symbiose
Synapse	Synapse

Birds
Fugle

Canary	Kanariefugl
Chicken	Kylling
Crow	Krage
Cuckoo	Gøg
Duck	And
Eagle	Ørn
Egg	Æg
Flamingo	Flamingo
Goose	Gås
Gull	Måge
Heron	Hejre
Ostrich	Struds
Parrot	Papegøje
Peacock	Påfugl
Pelican	Pelikan
Penguin	Pingvin
Sparrow	Spurv
Stork	Stork
Swan	Svane
Toucan	Toucan

Boats
Både

Anchor	Anker
Buoy	Bøje
Canoe	Kano
Crew	Mandskab
Dock	Dock
Engine	Motor
Ferry	Færge
Kayak	Kajak
Lake	Sø
Lifeboat	Redningsbåd
Mast	Mast
Nautical	Nautisk
Ocean	Ocean
Raft	Tømmerflåde
River	Flod
Rope	Reb
Sailboat	Sejlbåd
Sailor	Sømand
Sea	Hav
Yacht	Yacht

Books
Bøger

Adventure	Eventyr
Author	Forfatter
Collection	Samling
Context	Kontekst
Duality	Dualitet
Epic	Episk
Historical	Historisk
Humorous	Humoristisk
Inventive	Opfindsom
Literary	Litterær
Narrator	Fortæller
Novel	Roman
Page	Side
Poem	Digt
Poetry	Poesi
Reader	Læser
Relevant	Relevant
Story	Historie
Tragic	Tragisk
Written	Skrivet

Buildings
Bygninger

Apartment	Lejlighed
Barn	Lade
Cabin	Kabine
Castle	Slot
Cinema	Biograf
Embassy	Ambassade
Factory	Fabrik
Hospital	Hospital
Hostel	Hostel
Hotel	Hotel
Laboratory	Laboratorium
Museum	Museum
Observatory	Observatorium
School	Skole
Stadium	Stadion
Supermarket	Supermarked
Tent	Telt
Theater	Teater
Tower	Tårn
University	Universitet

Business
Forretning

Budget	Budget
Career	Karriere
Company	Firma
Cost	Koste
Currency	Valuta
Discount	Rabat
Economics	Økonomi
Employee	Medarbejder
Employer	Arbejdsgiver
Factory	Fabrik
Finance	Finansiere
Income	Indkomst
Investment	Investering
Manager	Manager
Merchandise	Varer
Money	Penge
Office	Kontor
Sale	Salg
Shop	Butik
Taxes	Skatter

Camping
Camping

Adventure	Eventyr
Animals	Dyr
Cabin	Kabine
Canoe	Kano
Compass	Kompas
Fire	Brand
Forest	Skov
Fun	Sjov
Hammock	Hængekøje
Hat	Hat
Hunting	Jagt
Insect	Insekt
Lake	Sø
Map	Kort
Moon	Måne
Mountain	Bjerg
Nature	Natur
Rope	Reb
Tent	Telt
Trees	Træer

Chemistry
Kemi

Acid	Syre
Alkaline	Alkalisk
Atomic	Atomar
Carbon	Kulstof
Catalyst	Katalysator
Chlorine	Klor
Electron	Elektron
Enzyme	Enzym
Gas	Gas
Heat	Varme
Hydrogen	Brint
Ion	Ion
Liquid	Væske
Molecule	Molekyle
Nuclear	A
Organic	Økologisk
Oxygen	Ilt
Salt	Salt
Temperature	Temperatur
Weight	Vægt

Chocolate
Chokolade

Antioxidant	Antioxidant
Aroma	Aroma
Bitter	Bitter
Cacao	Cacao
Calories	Kalorier
Candy	Slik
Caramel	Karamel
Coconut	Kokosnød
Craving	Trang
Delicious	Lækker
Exotic	Eksotisk
Favorite	Favorit
Ingredient	Ingrediens
Peanuts	Jordnødder
Powder	Pulver
Quality	Kvalitet
Recipe	Opskrift
Sugar	Sukker
Sweet	Sød
Taste	Smag

Clothes
Tøj

Apron	Forklæde
Belt	Bælte
Blouse	Bluse
Bracelet	Armbånd
Coat	Frakke
Dress	Kjole
Fashion	Mode
Gloves	Handsker
Hat	Hat
Jacket	Jakke
Jeans	Jeans
Jewelry	Smykker
Pajamas	Pyjamas
Pants	Bukser
Sandals	Sandaler
Scarf	Tørklæde
Shirt	Skjorte
Shoe	Sko
Skirt	Nederdel
Sweater	Sweater

Colors
Farver

Azure	Azur
Beige	Beige
Black	Sort
Blue	Blå
Brown	Brun
Crimson	Crimson
Cyan	Cyan
Fuchsia	Fuchsia
Green	Grøn
Grey	Grå
Indigo	Indigo
Magenta	Magenta
Orange	Orange
Pink	Pink
Purple	Lilla
Red	Rød
Sepia	Sepia
Violet	Violet
White	Hvid
Yellow	Gul

Conservation
Bevaring

Changes	Ændringer
Chemicals	Kemikalier
Climate	Klima
Concern	Bekymring
Cycle	Cyklus
Ecosystem	Økosystem
Education	Uddannelse
Environmental	Miljømæssig
Green	Grøn
Habitat	Habitat
Health	Sundhed
Natural	Naturlig
Organic	Økologisk
Pesticide	Pesticid
Pollution	Forurening
Recycle	Genbruge
Reduce	Reducere
Sustainable	Bæredygtig
Volunteer	Frivillig
Water	Vand

Countries #1
Lande #1

Brazil	Brasilien
Canada	Canada
Egypt	Egypten
Finland	Finland
Germany	Tyskland
Iraq	Irak
Israel	Israel
Italy	Italien
Latvia	Letland
Libya	Libyen
Morocco	Marokko
Nicaragua	Nicaragua
Norway	Norge
Panama	Panama
Poland	Polen
Romania	Rumænien
Senegal	Senegal
Spain	Spanien
Venezuela	Venezuela
Vietnam	Vietnam

Countries #2
Lande #2

Albania	Albanien
Denmark	Danmark
Ethiopia	Etiopien
Greece	Grækenland
Haiti	Haiti
Jamaica	Jamaica
Japan	Japan
Laos	Laos
Lebanon	Libanon
Liberia	Liberia
Mexico	Mexico
Nepal	Nepal
Nigeria	Nigeria
Pakistan	Pakistan
Russia	Rusland
Somalia	Somalia
Sudan	Sudan
Syria	Syrien
Uganda	Uganda
Ukraine	Ukraine

Creativity
Kreativitet

Artistic	Kunstnerisk
Authenticity	Ægthed
Clarity	Klarhed
Dramatic	Dramatisk
Emotions	Følelser
Expression	Udtryk
Fluidity	Fluiditet
Ideas	Ideer
Image	Billede
Imagination	Fantasi
Impression	Indtryk
Inspiration	Inspiration
Intensity	Intensitet
Intuition	Intuition
Inventive	Opfindsom
Sensation	Sensation
Skill	Færdighed
Spontaneous	Spontan
Visions	Visioner
Vitality	Vitalitet

Days and Months
Dage og Måneder

April	April
August	August
Calendar	Kalender
February	Februar
Friday	Fredag
January	Januar
July	Juli
March	Marts
Monday	Mandag
Month	Måned
November	November
October	Oktober
Saturday	Lørdag
September	September
Sunday	Søndag
Thursday	Torsdag
Tuesday	Tirsdag
Wednesday	Onsdag
Week	Uge
Year	År

Diplomacy
Diplomati

Adviser	Rådgiver
Ambassador	Ambassadør
Citizens	Borgere
Civic	Civic
Community	Fællesskab
Conflict	Konflikt
Cooperation	Samarbejde
Diplomatic	Diplomatisk
Discussion	Diskussion
Embassy	Ambassade
Ethics	Etik
Foreign	Udenlandsk
Government	Regering
Humanitarian	Humanitær
Integrity	Integritet
Justice	Retfærdighed
Politics	Politik
Security	Sikkerhed
Solution	Løsning
Treaty	Traktat

Disease
Sygdom

Abdominal	Abdominal
Allergies	Allergier
Bacterial	Bakteriel
Body	Legeme
Bones	Knogler
Chronic	Kronisk
Contagious	Smitsom
Genetic	Genetisk
Health	Sundhed
Heart	Hjerte
Hereditary	Arvelig
Immunity	Immunitet
Inflammation	Betændelse
Lumbar	Lumbal
Neuropathy	Neuropati
Pathogens	Patogener
Respiratory	Luftveje
Syndrome	Syndrom
Therapy	Terapi
Weak	Svag

Driving
Kørsel

Accident	Ulykke
Brakes	Bremser
Car	Bil
Danger	Fare
Driver	Chauffør
Fuel	Brændstof
Garage	Garage
Gas	Gas
License	Licens
Map	Kort
Motor	Motor
Motorcycle	Motorcykel
Pedestrian	Fodgænger
Police	Politi
Road	Vej
Safety	Sikkerhed
Speed	Hastighed
Traffic	Trafik
Truck	Lastbil
Tunnel	Tunnel

Ecology
Økologi

Climate	Klima
Communities	Fællesskaber
Diversity	Mangfoldighed
Drought	Tørke
Fauna	Fauna
Flora	Flora
Global	Global
Habitat	Habitat
Marine	Marine
Marsh	Mose
Mountains	Bjerge
Natural	Naturlig
Nature	Natur
Plants	Planter
Resources	Ressourcer
Species	Art
Survival	Overlevelse
Sustainable	Bæredygtig
Vegetation	Vegetation
Volunteers	Frivillige

Emotions
Følelser

Anger	Vrede
Bliss	Lyksalighed
Boredom	Kedsomhed
Calm	Rolig
Content	Indhold
Embarrassed	Flov
Fear	Frygt
Grateful	Taknemmelig
Joy	Glæde
Kindness	Venlighed
Love	Kærlighed
Peace	Fred
Relaxed	Afslappet
Relief	Relief
Sadness	Sorg
Satisfied	Tilfreds
Surprise	Overraskelse
Sympathy	Sympati
Tenderness	Ømhed
Tranquility	Ro

Energy
Energi

Battery	Batteri
Carbon	Kulstof
Diesel	Diesel
Electric	Elektrisk
Electron	Elektron
Entropy	Entropi
Environment	Miljø
Fuel	Brændstof
Gasoline	Benzin
Heat	Varme
Hydrogen	Brint
Industry	Industri
Motor	Motor
Nuclear	A
Photon	Foton
Pollution	Forurening
Renewable	Fornyelig
Steam	Damp
Turbine	Turbine
Wind	Vind

Engineering
Ingeniørarbejde

Angle	Vinkel
Axis	Akse
Calculation	Beregning
Construction	Konstruktion
Depth	Dybde
Diagram	Diagram
Diameter	Diameter
Diesel	Diesel
Distribution	Distribution
Energy	Energi
Gears	Gear
Levers	Håndtag
Liquid	Væske
Machine	Maskine
Measurement	Måling
Motor	Motor
Propulsion	Fremdrift
Stability	Stabilitet
Strength	Styrke
Structure	Struktur

Family
Familie

Ancestor	Forfader
Aunt	Tante
Brother	Bror
Child	Barn
Childhood	Barndom
Children	Børn
Cousin	Fætter
Daughter	Datter
Grandchild	Barnebarn
Grandfather	Bedstefar
Grandson	Sønnesøn
Husband	Mand
Maternal	Mødres
Mother	Mor
Nephew	Nevø
Niece	Niece
Paternal	Faderlig
Sister	Søster
Uncle	Onkel
Wife	Kone

Farm #1
Bondegård #1

Agriculture	Landbrug
Bee	Bi
Bison	Bison
Calf	Kalv
Cat	Kat
Chicken	Kylling
Cow	Ko
Crow	Krage
Dog	Hund
Donkey	Æsel
Fence	Hegn
Fertilizer	Gødning
Field	Mark
Goat	Ged
Hay	Hø
Honey	Honning
Horse	Hest
Rice	Ris
Seeds	Frø
Water	Vand

Farm #2
Bondegård #2

Animals	Dyr
Barley	Byg
Barn	Lade
Corn	Majs
Duck	And
Farmer	Landmand
Food	Mad
Fruit	Frugt
Irrigation	Kunstvanding
Lamb	Lam
Llama	Lama
Meadow	Eng
Milk	Mælk
Orchard	Frugthave
Sheep	Får
Shepherd	Hyrde
Tractor	Traktor
Vegetable	Grøntsag
Wheat	Hvede
Windmill	Vindmølle

Fashion
Mode

Affordable	Overkommelig
Boutique	Boutique
Buttons	Knapper
Clothing	Tøj
Comfortable	Komfortabel
Elegant	Elegant
Embroidery	Broderi
Expensive	Dyrt
Fabric	Stof
Lace	Blond
Measurements	Mål
Minimalist	Minimalistisk
Modern	Moderne
Modest	Beskeden
Original	Original
Pattern	Mønster
Practical	Praktisk
Style	Stil
Texture	Tekstur
Trend	Trend

Flowers
Blomster

Bouquet	Buket
Calendula	Calendula
Clover	Kløver
Daffodil	Påskelilje
Daisy	Daisy
Dandelion	Mælkebøtte
Gardenia	Gardenia
Hibiscus	Hibiscus
Jasmine	Jasmin
Lavender	Lavendel
Lilac	Lilla
Lily	Lilje
Magnolia	Magnolia
Orchid	Orkide
Peony	Pæon
Petal	Kronblad
Plumeria	Plumeria
Poppy	Valmue
Sunflower	Solsikke
Tulip	Tulipan

Food #1
Mad #1

Apricot	Abrikos
Barley	Byg
Basil	Basilikum
Carrot	Gulerod
Cinnamon	Kanel
Garlic	Hvidløg
Juice	Saft
Lemon	Citron
Milk	Mælk
Onion	Løg
Peanut	Jordnød
Pear	Pære
Salad	Salat
Salt	Salt
Soup	Suppe
Spinach	Spinat
Strawberry	Jordbær
Sugar	Sukker
Tuna	Tun
Turnip	Majroe

Food #2
Mad #2

Apple	Æble
Artichoke	Artiskok
Banana	Banan
Broccoli	Broccoli
Celery	Selleri
Cheese	Ost
Cherry	Kirsebær
Chicken	Kylling
Chocolate	Chokolade
Egg	Æg
Eggplant	Aubergine
Fish	Fisk
Grape	Drue
Ham	Skinke
Kiwi	Kiwi
Mushroom	Svamp
Rice	Ris
Tomato	Tomat
Wheat	Hvede
Yogurt	Yoghurt

Force and Gravity
Kraft og Tyngdekraft

Axis	Akse
Center	Center
Discovery	Opdagelse
Distance	Afstand
Dynamic	Dynamisk
Expansion	Udvidelse
Friction	Friktion
Magnetism	Magnetisme
Magnitude	Magnitude
Mechanics	Mekanik
Momentum	Momentum
Motion	Bevægelse
Orbit	Kredsløb
Physics	Fysik
Pressure	Tryk
Properties	Ejendomme
Speed	Hastighed
Time	Tid
Universal	Universel
Weight	Vægt

Fruit
Frugt

Apple	Æble
Apricot	Abrikos
Avocado	Avocado
Banana	Banan
Berry	Bær
Cherry	Kirsebær
Coconut	Kokosnød
Fig	Fig
Grape	Drue
Guava	Guava
Kiwi	Kiwi
Lemon	Citron
Mango	Mango
Melon	Melon
Nectarine	Nektarin
Papaya	Papaya
Peach	Fersken
Pear	Pære
Pineapple	Ananas
Raspberry	Hindbær

Garden
Have

Bench	Bænk
Bush	Busk
Fence	Hegn
Flower	Blomst
Garage	Garage
Garden	Have
Grass	Græs
Hammock	Hængekøje
Hose	Slange
Lawn	Græsplæne
Orchard	Frugthave
Pond	Dam
Porch	Veranda
Rake	Rive
Shovel	Skovl
Terrace	Terrasse
Trampoline	Trampolin
Tree	Træ
Vine	Vinstok
Weeds	Ukrudt

Gardening
Havearbejde

Blossom	Blomst
Botanical	Botanisk
Bouquet	Buket
Climate	Klima
Compost	Kompost
Container	Beholder
Dirt	Smuds
Edible	Spiselig
Exotic	Eksotisk
Floral	Blomster
Foliage	Løv
Hose	Slange
Leaf	Blad
Moisture	Fugt
Orchard	Frugthave
Seasonal	Sæsonbestemt
Seeds	Frø
Soil	Jord
Species	Art
Water	Vand

Geography
Geografi

Altitude	Højde
Atlas	Atlas
City	By
Continent	Kontinent
Country	Land
Hemisphere	Halvkugle
Island	Ø
Latitude	Breddegrad
Map	Kort
Meridian	Meridian
Mountain	Bjerg
North	Nord
Ocean	Ocean
Region	Region
River	Flod
Sea	Hav
South	Syd
Territory	Territorium
West	Vest
World	Verden

Geology
Geologi

Acid	Syre
Calcium	Calcium
Cavern	Hule
Continent	Kontinent
Coral	Koral
Crystals	Krystaller
Cycles	Cykler
Earthquake	Jordskælv
Erosion	Erosion
Fossil	Fossil
Geyser	Gejser
Lava	Lava
Layer	Lag
Minerals	Mineraler
Plateau	Plateau
Quartz	Kvarts
Salt	Salt
Stalactite	Stalaktit
Stone	Sten
Volcano	Vulkan

Geometry
Geometri

Angle	Vinkel
Calculation	Beregning
Circle	Cirkel
Curve	Kurve
Diameter	Diameter
Dimension	Dimension
Equation	Ligning
Height	Højde
Horizontal	Vandret
Logic	Logik
Mass	Masse
Median	Median
Number	Nummer
Parallel	Parallel
Proportion	Andel
Segment	Segment
Surface	Overflade
Symmetry	Symmetri
Theory	Teori
Triangle	Trekant

Global Warming
Global Opvarmning

Arctic	Arktisk
Attention	Opmærksomhed
Changes	Ændringer
Climate	Klima
Crisis	Krise
Data	Data
Development	Udvikling
Energy	Energi
Environmental	Miljømæssig
Future	Fremtid
Gas	Gas
Generations	Generationer
Government	Regering
Habitats	Levesteder
Industry	Industri
International	International
Legislation	Lovgivning
Now	Nu
Populations	Befolkninger
Temperatures	Temperaturer

Government
Regeringen

Citizenship	Borgerskab
Civil	Civil
Constitution	Forfatning
Democracy	Demokrati
Discussion	Diskussion
Dissent	Uenighed
Equality	Lighed
Independence	Uafhængighed
Judicial	Retlig
Justice	Retfærdighed
Law	Lov
Leader	Leder
Liberty	Frihed
Monument	Monument
Nation	Nation
Peaceful	Fredelig
Politics	Politik
Speech	Tale
State	Stat
Symbol	Symbol

Hair Types
Hår Typer

Bald	Skaldet
Black	Sort
Blond	Blond
Braided	Flettet
Braids	Fletninger
Brown	Brun
Colored	Farvet
Curls	Krøller
Curly	Krøllet
Dry	Tør
Gray	Grå
Healthy	Sund
Long	Lang
Shiny	Skinnende
Short	Kort
Soft	Blød
Thick	Tyk
Thin	Tynd
Wavy	Bølget
White	Hvid

Health and Wellness #1
Sundhed og Velvære #1

Active	Aktiv
Bacteria	Bakterie
Bones	Knogler
Clinic	Klinik
Doctor	Læge
Fracture	Fraktur
Habit	Vane
Height	Højde
Hormones	Hormoner
Hunger	Sult
Medicine	Medicin
Muscles	Muskler
Nerves	Nerver
Pharmacy	Apotek
Reflex	Refleks
Relaxation	Afslapning
Skin	Hud
Therapy	Terapi
Treatment	Behandling
Virus	Virus

Health and Wellness #2
Sundhed og Velvære #2

Allergy	Allergi
Anatomy	Anatomi
Appetite	Appetit
Blood	Blod
Calorie	Kalorie
Dehydration	Dehydrering
Diet	Kost
Disease	Sygdom
Energy	Energi
Genetics	Genetik
Healthy	Sund
Hospital	Hospital
Hygiene	Hygiejne
Infection	Infektion
Massage	Massage
Nutrition	Ernæring
Recovery	Genopretning
Stress	Stress
Vitamin	Vitamin
Weight	Vægt

Herbalism
Herbalisme

Aromatic	Aromatisk
Basil	Basilikum
Beneficial	Gavnlig
Culinary	Kulinarisk
Fennel	Fennikel
Flavor	Smag
Flower	Blomst
Garden	Have
Garlic	Hvidløg
Green	Grøn
Ingredient	Ingrediens
Lavender	Lavendel
Marjoram	Merian
Mint	Mynte
Oregano	Oregano
Parsley	Persille
Plant	Plante
Rosemary	Rosmarin
Saffron	Saffron
Tarragon	Estragon

Hiking
Vandreture

Animals	Dyr
Boots	Støvler
Camping	Camping
Cliff	Klint
Climate	Klima
Hazards	Farer
Heavy	Tung
Map	Kort
Mosquitoes	Myg
Mountain	Bjerg
Nature	Natur
Orientation	Orientering
Parks	Parker
Preparation	Forberedelse
Stones	Sten
Summit	Topmøde
Sun	Sol
Tired	Træt
Water	Vand
Wild	Vild

House
Hus

Attic	Loftsrum
Broom	Kost
Curtains	Gardiner
Door	Dør
Fence	Hegn
Fireplace	Pejs
Floor	Etage
Furniture	Møbler
Garage	Garage
Garden	Have
Keys	Nøgler
Kitchen	Køkken
Lamp	Lampe
Library	Bibliotek
Mirror	Spejl
Roof	Tag
Room	Værelse
Shower	Bruser
Wall	Væg
Window	Vindue

Human Body
Menneskekroppen

Ankle	Ankel
Blood	Blod
Bones	Knogler
Brain	Hjerne
Chin	Hage
Ear	Øre
Elbow	Albue
Face	Ansigt
Finger	Finger
Hand	Hånd
Head	Hoved
Heart	Hjerte
Jaw	Kæbe
Knee	Knæ
Leg	Ben
Mouth	Mund
Neck	Hals
Nose	Næse
Shoulder	Skulder
Skin	Hud

Jazz
Jazz

Album	Album
Applause	Bifald
Artist	Kunstner
Composer	Komponist
Composition	Sammensætning
Concert	Koncert
Drums	Trommer
Emphasis	Vægt
Famous	Berømt
Favorites	Favoriter
Improvisation	Improvisation
Music	Musik
New	Ny
Old	Gammel
Orchestra	Orkester
Rhythm	Rytme
Song	Sang
Style	Stil
Talent	Talent
Technique	Teknik

Kitchen
Køkken

Apron	Forklæde
Bowl	Skål
Chopsticks	Spisepinde
Cups	Kopper
Food	Mad
Forks	Gafler
Freezer	Fryser
Grill	Grill
Jar	Krukke
Jug	Kande
Kettle	Kedel
Knives	Knive
Ladle	Slev
Napkin	Serviet
Oven	Ovn
Recipe	Opskrift
Refrigerator	Køleskab
Spices	Krydderier
Sponge	Svamp
Spoons	Skeer

Landscapes
Landskaber

Beach	Strand
Cave	Hule
Desert	Ørken
Geyser	Gejser
Glacier	Gletsjer
Hill	Bakke
Iceberg	Isbjerg
Island	Ø
Lake	Sø
Mountain	Bjerg
Oasis	Oase
Ocean	Ocean
Peninsula	Halvø
River	Flod
Sea	Hav
Swamp	Sump
Tundra	Tundra
Valley	Dal
Volcano	Vulkan
Waterfall	Vandfald

Literature
Litteratur

Analogy	Analogi
Analysis	Analyse
Anecdote	Anekdote
Author	Forfatter
Biography	Biografi
Comparison	Sammenligning
Conclusion	Konklusion
Description	Beskrivelse
Dialogue	Dialog
Fiction	Fiktion
Metaphor	Metafor
Narrator	Fortæller
Novel	Roman
Poem	Digt
Poetic	Poetisk
Rhyme	Rim
Rhythm	Rytme
Style	Stil
Theme	Tema
Tragedy	Tragedie

Mammals
Pattedyr

Bear	Bære
Beaver	Bæver
Bull	Tyr
Cat	Kat
Coyote	Prærieulv
Dog	Hund
Dolphin	Delfin
Elephant	Elefant
Fox	Ræv
Giraffe	Giraf
Gorilla	Gorilla
Horse	Hest
Kangaroo	Kænguru
Lion	Løve
Monkey	Abe
Rabbit	Kanin
Sheep	Får
Whale	Hval
Wolf	Ulv
Zebra	Zebra

Math
Matematik

Angles	Vinkler
Arithmetic	Aritmetik
Circumference	Omkreds
Decimal	Decimal
Degrees	Grader
Diameter	Diameter
Division	Division
Equation	Ligning
Exponent	Eksponent
Fraction	Brøk
Geometry	Geometri
Parallel	Parallel
Parallelogram	Parallelogram
Polygon	Polygon
Radius	Radius
Rectangle	Rektangel
Square	Firkant
Sum	Sum
Symmetry	Symmetri
Triangle	Trekant

Measurements
Målinger

Byte	Byte
Centimeter	Centimeter
Decimal	Decimal
Degree	Grad
Depth	Dybde
Gram	Gram
Height	Højde
Inch	Tomme
Kilogram	Kilogram
Kilometer	Kilometer
Length	Længde
Liter	Liter
Mass	Masse
Meter	Meter
Minute	Minut
Ounce	Ounce
Pint	Pint
Ton	Ton
Weight	Vægt
Width	Bredde

Meditation
Meditation

Acceptance	Accept
Attention	Opmærksomhed
Awake	Vågen
Breathing	Vejrtrækning
Calm	Rolig
Clarity	Klarhed
Compassion	Medfølelse
Emotions	Følelser
Habits	Vaner
Happiness	Lykke
Kindness	Venlighed
Mental	Mental
Mind	Sind
Movement	Bevægelse
Music	Musik
Nature	Natur
Peace	Fred
Perspective	Perspektiv
Silence	Stilhed
Thoughts	Tanker

Music
Musik

Album	Album
Ballad	Ballade
Chorus	Kor
Classical	Klassisk
Eclectic	Eklektisk
Harmonic	Harmonisk
Harmony	Harmoni
Lyrical	Lyrisk
Melody	Melodi
Microphone	Mikrofon
Musical	Musikalsk
Musician	Musiker
Opera	Opera
Poetic	Poetisk
Recording	Indspilning
Rhythm	Rytme
Rhythmic	Rytmisk
Sing	Synge
Singer	Sanger
Vocal	Vokal

Musical Instruments
Musikinstrumenter

Banjo	Banjo
Bassoon	Fagot
Cello	Cello
Clarinet	Klarinet
Drum	Tromme
Flute	Fløjte
Gong	Gong
Guitar	Guitar
Harmonica	Harmonika
Harp	Harpe
Mandolin	Mandolin
Marimba	Marimba
Oboe	Obo
Percussion	Perkussion
Piano	Klaver
Saxophone	Saxofon
Tambourine	Tamburin
Trombone	Basun
Trumpet	Trompet
Violin	Violin

Mythology
Mytologi

Archetype	Arketype
Behavior	Adfærd
Beliefs	Tro
Creation	Skabelse
Creature	Væsen
Culture	Kultur
Deities	Guder
Disaster	Katastrofe
Hero	Helt
Immortality	Udødelighed
Jealousy	Jalousi
Labyrinth	Labyrint
Legend	Sagn
Lightning	Lyn
Monster	Uhyre
Mortal	Dødelig
Revenge	Hævn
Strength	Styrke
Thunder	Torden
Warrior	Kriger

Numbers
Tal

Decimal	Decimal
Eight	Otte
Eighteen	Atten
Fifteen	Femten
Five	Fem
Four	Fire
Fourteen	Fjorten
Nine	Ni
Nineteen	Nitten
One	En
Seven	Syv
Seventeen	Sytten
Six	Seks
Sixteen	Seksten
Ten	Ti
Thirteen	Tretten
Three	Tre
Twelve	Tolv
Twenty	Tyve
Two	To

Nutrition
Ernæring

Appetite	Appetit
Balanced	Afbalanceret
Bitter	Bitter
Calories	Kalorier
Carbohydrates	Kulhydrater
Diet	Kost
Digestion	Fordøjelse
Edible	Spiselig
Fermentation	Gæring
Flavor	Smag
Habits	Vaner
Health	Sundhed
Healthy	Sund
Nutrient	Næringsstof
Proteins	Proteiner
Quality	Kvalitet
Sauce	Sauce
Toxin	Toksin
Vitamin	Vitamin
Weight	Vægt

Ocean
Ocean

Algae	Alger
Coral	Koral
Crab	Krabbe
Dolphin	Delfin
Eel	Ål
Fish	Fisk
Jellyfish	Vandmand
Octopus	Blæksprutte
Oyster	Østers
Reef	Rev
Salt	Salt
Seaweed	Tang
Shark	Haj
Shrimp	Reje
Sponge	Svamp
Storm	Storm
Tides	Tidevand
Tuna	Tun
Turtle	Skildpadde
Whale	Hval

Philanthropy
Filantropi

Challenges	Udfordringer
Charity	Velgørenhed
Children	Børn
Community	Fællesskab
Contacts	Kontakter
Donate	Donere
Finance	Finansiere
Funds	Midler
Generosity	Generøsitet
Global	Global
Goals	Mål
Groups	Grupper
History	Historie
Honesty	Ærlighed
Mission	Mission
Need	Behov
People	Mennesker
Programs	Programmer
Public	Offentlig
Youth	Ungdom

Photography
Fotografi

Black	Sort
Camera	Kamera
Color	Farve
Composition	Sammensætning
Contrast	Kontrast
Darkness	Mørke
Definition	Definition
Exhibition	Udstilling
Format	Format
Frame	Ramme
Lighting	Belysning
Object	Objekt
Perspective	Perspektiv
Portrait	Portræt
Shadows	Skygger
Soften	Blødgøre
Subject	Emne
Texture	Tekstur
View	Udsigt
Visual	Visuel

Physics
Fysik

Acceleration	Acceleration
Atom	Atom
Chaos	Kaos
Chemical	Kemisk
Density	Tæthed
Electron	Elektron
Engine	Motor
Expansion	Udvidelse
Experiment	Eksperiment
Formula	Formel
Frequency	Frekvens
Gas	Gas
Magnetism	Magnetisme
Mass	Masse
Mechanics	Mekanik
Molecule	Molekyle
Nuclear	A
Particle	Partikel
Universal	Universel
Velocity	Hastighed

Plants
Planter

Bamboo	Bambus
Bean	Bønne
Berry	Bær
Botany	Botanik
Bush	Busk
Cactus	Kaktus
Fertilizer	Gødning
Flora	Flora
Flower	Blomst
Foliage	Løv
Forest	Skov
Garden	Have
Grass	Græs
Ivy	Vedbend
Moss	Mos
Petal	Kronblad
Root	Rod
Stem	Stilk
Tree	Træ
Vegetation	Vegetation

Professions #1
Erhverv #1

Ambassador	Ambassadør
Astronomer	Astronom
Attorney	Advokat
Banker	Bankmand
Cartographer	Kartograf
Coach	Træner
Dancer	Danser
Doctor	Læge
Editor	Redaktør
Geologist	Geolog
Hunter	Jæger
Jeweler	Guldsmed
Musician	Musiker
Nurse	Sygeplejerske
Pianist	Pianist
Plumber	Blikkenslager
Psychologist	Psykolog
Sailor	Sømand
Tailor	Skrædder
Veterinarian	Dyrlæge

Professions #2
Erhverv #2

Astronaut	Astronaut
Biologist	Biolog
Dentist	Tandlæge
Detective	Detektiv
Engineer	Ingeniør
Farmer	Landmand
Gardener	Gartner
Illustrator	Illustrator
Inventor	Opfinder
Journalist	Journalist
Librarian	Bibliotekar
Linguist	Lingvist
Painter	Maler
Philosopher	Filosof
Photographer	Fotograf
Physician	Læge
Pilot	Pilot
Surgeon	Kirurg
Teacher	Lærer
Zoologist	Zoolog

Psychology
Psykologi

Appointment	Aftale
Assessment	Vurdering
Behavior	Adfærd
Childhood	Barndom
Clinical	Klinisk
Cognition	Kognition
Conflict	Konflikt
Dreams	Drømme
Ego	Ego
Emotions	Følelser
Ideas	Ideer
Perception	Opfattelse
Personality	Personlighed
Problem	Problem
Reality	Virkelighed
Sensation	Sensation
Subconscious	Underbevidst
Therapy	Terapi
Thoughts	Tanker
Unconscious	Bevidstløs

Restaurant #2
Restaurant #2

Beverage	Drik
Cake	Kage
Chair	Stol
Delicious	Lækker
Dinner	Middag
Eggs	Æg
Fish	Fisk
Fork	Gaffel
Fruit	Frugt
Ice	Is
Lunch	Frokost
Noodles	Nudler
Salad	Salat
Salt	Salt
Soup	Suppe
Spices	Krydderier
Spoon	Ske
Vegetables	Grøntsager
Waiter	Tjeneren
Water	Vand

Science
Videnskab

Atom	Atom
Chemical	Kemisk
Climate	Klima
Data	Data
Evolution	Udvikling
Experiment	Eksperiment
Fact	Faktum
Fossil	Fossil
Gravity	Tyngdekraft
Hypothesis	Hypotese
Laboratory	Laboratorium
Method	Metode
Minerals	Mineraler
Molecules	Molekyler
Nature	Natur
Observation	Observation
Organism	Organisme
Particles	Partikler
Physics	Fysik
Plants	Planter

Science Fiction
Science Fiction

Atomic	Atomar
Books	Bøger
Chemicals	Kemikalier
Cinema	Biograf
Dystopia	Dystopi
Explosion	Eksplosion
Extreme	Ekstrem
Fantastic	Fantastisk
Fire	Brand
Futuristic	Futuristisk
Galaxy	Galakse
Illusion	Illusion
Imaginary	Imaginær
Mysterious	Mystisk
Oracle	Oracle
Planet	Planet
Robots	Robotter
Technology	Teknologi
Utopia	Utopi
World	Verden

Scientific Disciplines
Videnskabelige Disciplin

Anatomy	Anatomi
Archaeology	Arkæologi
Astronomy	Astronomi
Biochemistry	Biokemi
Biology	Biologi
Botany	Botanik
Chemistry	Kemi
Ecology	Økologi
Geology	Geologi
Immunology	Immunologi
Kinesiology	Kinesiologi
Linguistics	Lingvistik
Mechanics	Mekanik
Mineralogy	Mineralogi
Neurology	Neurologi
Physiology	Fysiologi
Psychology	Psykologi
Sociology	Sociologi
Thermodynamics	Termodynamik
Zoology	Zoologi

Shapes
Former

Arc	Bue
Circle	Cirkel
Cone	Kegle
Corner	Hjørne
Cube	Terning
Curve	Kurve
Cylinder	Cylinder
Edges	Kanter
Ellipse	Ellipse
Hyperbola	Hyperbola
Line	Linje
Oval	Oval
Polygon	Polygon
Prism	Prisme
Pyramid	Pyramide
Rectangle	Rektangel
Side	Side
Sphere	Sfære
Square	Firkant
Triangle	Trekant

Spices
Krydderier

Anise	Anis
Bitter	Bitter
Cardamom	Kardemomme
Cinnamon	Kanel
Coriander	Koriander
Cumin	Spidskommen
Curry	Karry
Fennel	Fennikel
Fenugreek	Bukkehorn
Flavor	Smag
Garlic	Hvidløg
Ginger	Ingefær
Licorice	Lakrids
Nutmeg	Muskatnød
Onion	Løg
Paprika	Paprika
Saffron	Saffron
Salt	Salt
Sweet	Sød
Vanilla	Vanilje

The Company
Virksomheden

Business	Forretning
Creative	Kreativ
Decision	Beslutning
Employment	Beskæftigelse
Global	Global
Industry	Industri
Innovative	Innovativ
Investment	Investering
Possibility	Mulighed
Presentation	Præsentation
Product	Produkt
Professional	Professionel
Progress	Fremskridt
Quality	Kvalitet
Reputation	Ry
Resources	Ressourcer
Revenue	Indtægt
Risks	Risici
Trends	Tendenser
Units	Enheder

The Media
Medierne

Attitudes	Holdninger
Commercial	Kommerciel
Communication	Kommunikation
Digital	Digital
Edition	Udgave
Education	Uddannelse
Facts	Fakta
Funding	Finansiering
Images	Billeder
Individual	Individuel
Industry	Industri
Intellectual	Intellektuel
Local	Lokal
Magazines	Magasiner
Network	Netværk
Newspapers	Aviser
Online	Online
Opinion	Mening
Public	Offentlig
Radio	Radio

Time
Tid

Annual	Årlig
Before	Før
Calendar	Kalender
Century	Århundrede
Clock	Ur
Day	Dag
Decade	Årti
Early	Tidlig
Future	Fremtid
Hour	Time
Minute	Minut
Month	Måned
Morning	Morgen
Night	Nat
Noon	Middag
Now	Nu
Soon	Snart
Today	I Dag
Week	Uge
Year	År

Town
By

Airport	Lufthavn
Bakery	Bageri
Bank	Bank
Bookstore	Boghandel
Cafe	Cafe
Cinema	Biograf
Clinic	Klinik
Gallery	Galleri
Hotel	Hotel
Library	Bibliotek
Market	Marked
Museum	Museum
Pharmacy	Apotek
School	Skole
Stadium	Stadion
Store	Butik
Supermarket	Supermarked
Theater	Teater
University	Universitet
Zoo	Zoo

Universe
Univers

Asteroid	Asteroide
Astronomer	Astronom
Astronomy	Astronomi
Atmosphere	Atmosfære
Celestial	Himmelsk
Cosmic	Kosmisk
Darkness	Mørke
Eon	Eon
Galaxy	Galakse
Hemisphere	Halvkugle
Horizon	Horisont
Latitude	Breddegrad
Moon	Måne
Orbit	Kredsløb
Sky	Himmel
Solar	Sol
Solstice	Solhverv
Telescope	Teleskop
Visible	Synlig
Zodiac	Zodiac

Vacation #2
Ferie #2

Airport	Lufthavn
Beach	Strand
Camping	Camping
Destination	Destination
Foreign	Udenlandsk
Foreigner	Udlænding
Holiday	Ferie
Hotel	Hotel
Island	Ø
Journey	Rejse
Leisure	Fritid
Map	Kort
Mountains	Bjerge
Passport	Pas
Sea	Hav
Taxi	Taxa
Tent	Telt
Train	Tog
Transportation	Transport
Visa	Visum

Vegetables
Grøntsager

Artichoke	Artiskok
Broccoli	Broccoli
Carrot	Gulerod
Cauliflower	Blomkål
Celery	Selleri
Cucumber	Agurk
Eggplant	Aubergine
Garlic	Hvidløg
Ginger	Ingefær
Mushroom	Svamp
Onion	Løg
Parsley	Persille
Pea	Ært
Pumpkin	Græskar
Radish	Radise
Salad	Salat
Shallot	Skalotteløg
Spinach	Spinat
Tomato	Tomat
Turnip	Majroe

Vehicles
Køretøjer

Airplane	Fly
Ambulance	Ambulance
Bicycle	Cykel
Boat	Båd
Bus	Bus
Car	Bil
Caravan	Campingvogn
Ferry	Færge
Helicopter	Helikopter
Motor	Motor
Raft	Tømmerflåde
Rocket	Raket
Scooter	Scooter
Shuttle	Shuttle
Submarine	Ubåd
Taxi	Taxa
Tires	Dæk
Tractor	Traktor
Train	Tog
Truck	Lastbil

Virtues #1
Dyder #1

Artistic	Kunstnerisk
Charming	Charmerende
Clean	Ren
Confident	Sikker
Curious	Nysgerrig
Decisive	Afgørende
Efficient	Effektiv
Funny	Sjov
Generous	Generøs
Good	Godt
Helpful	Nyttig
Imaginative	Fantasifulde
Independent	Uafhængig
Intelligent	Intelligent
Modest	Beskeden
Passionate	Lidenskabelig
Patient	Patient
Practical	Praktisk
Reliable	Pålidelig
Wise	Klog

Congratulations

You made it!

We hope you enjoyed this book as much as we enjoyed making it. We do our best to make high quality games.
These puzzles are designed in a clever way for you to learn actively while having fun!

Did you love them?

A Simple Request

Our books exist thanks your reviews. Could you help us by leaving one now?

Here is a short link which will take you to your order review page:

BestBooksActivity.com/Review50

MONSTER CHALLENGE!

Challenge #1

Ready for Your Bonus Game? We use them all the time but they are not so easy to find. Here are **Synonyms**!

Note 5 words you discovered in each of the Puzzles noted below (#21, #36, #76) and try to find 2 synonyms for each word.

Note 5 Words from *Puzzle 21*

Words	Synonym 1	Synonym 2

Note 5 Words from *Puzzle 36*

Words	Synonym 1	Synonym 2

Note 5 Words from *Puzzle 76*

Words	Synonym 1	Synonym 2

Challenge #2

Now that you are warmed-up, note 5 words you discovered in each Puzzle noted below (#9, #17, #25) and try to find 2 antonyms for each word. How many lines can you do in 20 minutes?

*Note 5 Words from **Puzzle 9***

Words	Antonym 1	Antonym 2

*Note 5 Words from **Puzzle 17***

Words	Antonym 1	Antonym 2

*Note 5 Words from **Puzzle 25***

Words	Antonym 1	Antonym 2

Challenge #3

Wonderful, this monster challenge is nothing to you!

Ready for the last one? Choose your 10 favorite words discovered in any of the Puzzles and note them below.

1.	6.
2.	7.
3.	8.
4.	9.
5.	10.

Now, using these words and within a maximum of six sentences, your challenge is to compose a text about a person, animal or place that you love!

Tip: You can use the last blank page of this book as a draft!

Your Writing:

Explore a Unique Store
Set Up **FOR YOU!**

BestActivityBooks.com/**TheStore**

Designed for Entertainment!

Light Up Your Brain With Unique **Gift Ideas**.

Access **Surprising** And **Essential Supplies!**

CHECK OUT OUR MONTHLY SELECTION NOW!

- Expertly Crafted Products -

NOTEBOOK:

SEE YOU SOON!

Linguas Classics Team